股票投资工具箱（图解版）

股震子◎编著

中国宇航出版社
·北京·

图书在版编目（CIP）数据

股票投资工具箱 : 图解版 / 股震子编著. -- 北京 : 中国宇航出版社, 2024.1

ISBN 978-7-5159-2321-5

Ⅰ. ①股… Ⅱ. ①股… Ⅲ. ①股票投资—图解 Ⅳ. ①F830.91-64

中国国家版本馆CIP数据核字(2023)第232730号

策划编辑　卢　珊　　封面设计　王晓武
责任编辑　谭　颖　　责任校对　吴媛媛

出　版
发　行　中国宇航出版社
社　址　北京市阜成路8号　　邮　编　100830
　　　　（010）68768548
网　址　www.caphbook.com
经　销　新华书店
发行部　（010）68767386　　（010）68371900
　　　　（010）68767382　　（010）88100613（传真）
零售店　读者服务部
　　　　（010）68371105
承　印　三河市君旺印务有限公司
版　次　2024年1月第1版　　2024年1月第1次印刷
规　格　710×1000　　开　本　1/16
印　张　12.5　　字　数　208千字
书　号　ISBN 978-7-5159-2321-5
定　价　45.00元

本书如有印装质量问题，可与发行部联系调换

前　言

Preface

没有只涨不跌的股票，也没有只跌不涨的股票。了解股票涨跌背后的逻辑，就能大致理解这些股票为什么涨跌。不能看见一只股票现在涨得好就买入，并且认为这只股票以后也会涨得好。因为当前涨得好的股票，后面走势很可能出现回调，容易被套牢在高位。做出这种判断的依据，无外乎从股票基本面、技术面、资金面，乃至市场情绪面等角度进行分析而得出。

随着网络的普及与发展，专业投资知识再也不是某些“大咖”或“精英”所能独享的了。很多看似较为专业的知识，其实并没有多高深莫测。投资者只要掌握了学习方法，学会运用一些专业的工具，用不了多久，就成为这个领域内的“大咖”。

从长远来看，如果想在投资的道路上走得更长久，肯定还是要建立自己的分析体系。人云亦云，不是投资的好方法。况且，没有人能够随时提供投资指导，能够帮助投资者的只有投资者自己。通过投资股票，实现盈利，进而实现个人资产的提升这是投资者的目标。因此，为了达到这个目标，就必须借助一些工具或方法。

从股票投资的角度来看，炒股基础工具、技术分析工具、基本面分析工具、理论与战术工具、风险防控工具等都是投资者需要关注的领域。本书甄选了各个板块内经典的分析工具加以介绍和解读，帮助投资者快速掌握和应用好这些工具。

有了工具，在投资的道路上不再“摸黑前进”，要想让前方更加光明，还需要不断地在实战中“锤炼”。

目 录

Contents

第一章 入场交易前，需要这些工具……………………1

第一节 股票认知工具 …………………………………… 3

一、股票代码那些事儿 …………………………………… 4

二、炒股，赚钱的基本模式 ……………………………… 6

三、股价波动的影响因素 ………………………………… 8

四、投资者的心理博弈 …………………………………… 10

第二节 股市生存必备工具 ……………………………… 12

一、资金管理工具 ………………………………………… 13

二、独立思考 ……………………………………………… 14

三、技术分析工具 ………………………………………… 15

四、交易纪律 ……………………………………………… 16

第三节 入场交易前准备工具 …………………………… 17

一、线下开户流程 ………………………………………… 18

二、线上开户流程 ………………………………………… 19

三、创业板、科创板开户 ………………………………… 21

四、融资融券、港股通开户 ……………………………… 23

第四节 股市交易规则工具 ……………………………… 25

一、交易时间、数量及价格规则 ………………………… 26

二、集合竞价规则 ………………………………………… 27

三、涨跌停板规则 ………………………………………… 28
四、T+1交易规则 ………………………………………… 29
五、新股申购及交易规则 ………………………………… 30
六、港股交易规则 ………………………………………… 33

第二章　炒股常用基础工具……………………… 35

第一节　交易软件工具 ………………………………………… 37
一、同花顺 ………………………………………………… 38
二、大智慧 ………………………………………………… 39
三、通达信 ………………………………………………… 40
第二节　股票追踪工具 ………………………………………… 41
一、金融界网站 …………………………………………… 42
二、巨潮资讯网站 ………………………………………… 43
三、中证指数公司网站 …………………………………… 44
四、雪球网站 ……………………………………………… 45
五、东方财富网站 ………………………………………… 46

第三章　股票交易基础技术工具………………… 47

第一节　看盘工具 ……………………………………………… 49
一、大盘分时图综述 ……………………………………… 50
二、上证指数线与量线 …………………………………… 52
三、涨跌数量分析 ………………………………………… 54
四、叠加分析 ……………………………………………… 56
五、个股分时图综述 ……………………………………… 57
六、个股分时线、均价线与量线 ………………………… 60
七、个股盘口 ……………………………………………… 62
第二节　K线及K线形态 ……………………………………… 65

一、阳线及变形 …… 66
二、阴线及变形 …… 68
三、K线看涨组合 …… 71
四、K线看跌组合 …… 73
五、K线反转组合 …… 75
六、K线底部形态 …… 77
七、K线顶部形态 …… 79
第三节 成交量分析工具 …… 81
一、放量与突破 …… 82
二、缩量与支撑 …… 84
三、量价背离 …… 87

第四章 炒股技术分析工具…… 89

第一节 技术指标 …… 91
一、均线指标 …… 92
二、MACD指标 …… 94
三、KDJ指标 …… 97
四、布林线指标 …… 99
第二节 股票画线工具 …… 102
一、趋势线 …… 103
二、通道线 …… 105
三、江恩角度线 …… 107

第五章 企业基本面分析工具…… 111

第一节 技术指标 …… 113
一、迈克尔·波特五力模型 …… 114
二、杜邦分析模型 …… 116

三、波士顿矩阵 …………………………………… 118
四、护城河理论 …………………………………… 120
第二节 企业财务分析指标工具 …………………… 122
一、净资产收益率分析 …………………………… 123
二、营收增长率分析 ……………………………… 125
三、资产负债率分析 ……………………………… 127
第三节 股票估值工具 ……………………………… 129
一、市盈率估值及应用 …………………………… 130
二、市净率估值及应用 …………………………… 133
三、市销率估值及应用 …………………………… 136
四、PEG估值法 …………………………………… 138
五、金鹅估值法 …………………………………… 140

第六章 股票交易理论与战术工具……………………143

第一节 股票交易理论工具 ………………………… 145
一、道氏理论 ……………………………………… 146
二、波浪理论 ……………………………………… 148
三、价值投资理论 ………………………………… 150
四、成长股理论 …………………………………… 152
五、祖鲁法则与PEG ……………………………… 153
第二节 股票交易战术工具 ………………………… 156
一、烟蒂模型策略 ………………………………… 157
二、白马股组合策略 ……………………………… 158
三、左侧交易 ……………………………………… 160
四、右侧交易 ……………………………………… 163
第三节 实时交易跟踪工具 ………………………… 165
一、预警工具 ……………………………………… 166

二、自制股票池工具 …………………………………… 167
三、选股平台工具 …………………………………… 169
四、形态选股工具 …………………………………… 172

第七章 风险防控工具…………………………………… 175

第一节 止损工具 …………………………………… 177
一、均线止损 …………………………………… 178
二、点位止损 …………………………………… 180
三、画线止损 …………………………………… 182
第二节 交易仓位控制工具 …………………………………… 185
一、三三制仓位控制 …………………………………… 185
二、金字塔式交易法 …………………………………… 187

第一章
入场交易前，需要这些工具

第一节　股票认知工具

工具概述

股票是由股份公司发行的所有权凭证，是股份公司为筹集资金而发行给各个股东作为持股凭证并借以取得股息和红利的一种有价证券。炒股票，就是在交易这种凭证。

工具解读

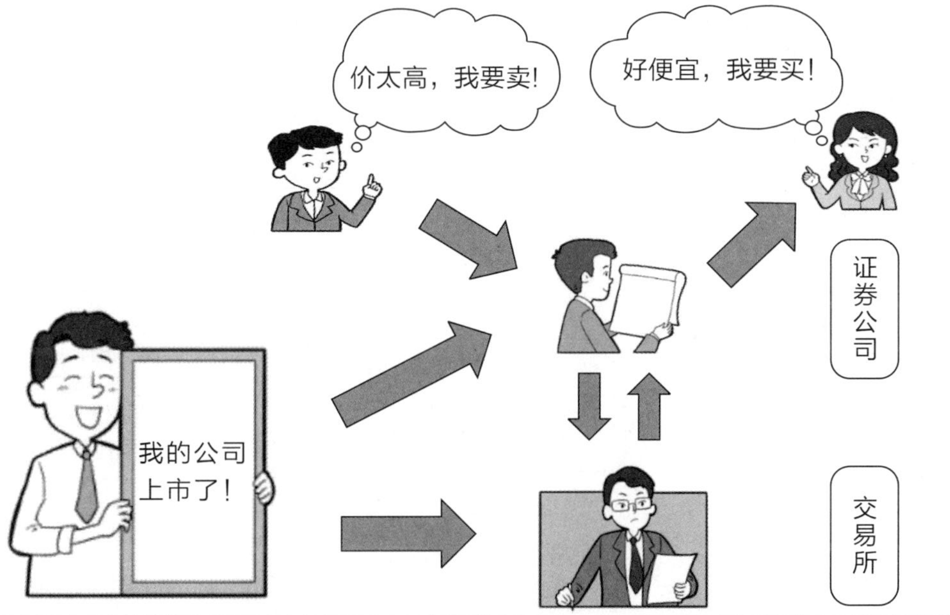

解读	企业需要由证券交易辅导达到一定要求后，在交易所（包括上交所、深交所、北交所等）挂牌上市。此后，该公司股票可在交易所交易，而普通投资者交易股票则需通过证券公司在交易所的席位完成过户交易。

一、股票代码那些事儿

工具概述

股票上市后会被赋予一个专有的证券代码。比如，000002 是万科 A 的证券代码。投资者交易股票时，只需在交易软件上输入“000002”就可以对万科 A 进行交易操作。

工具解读

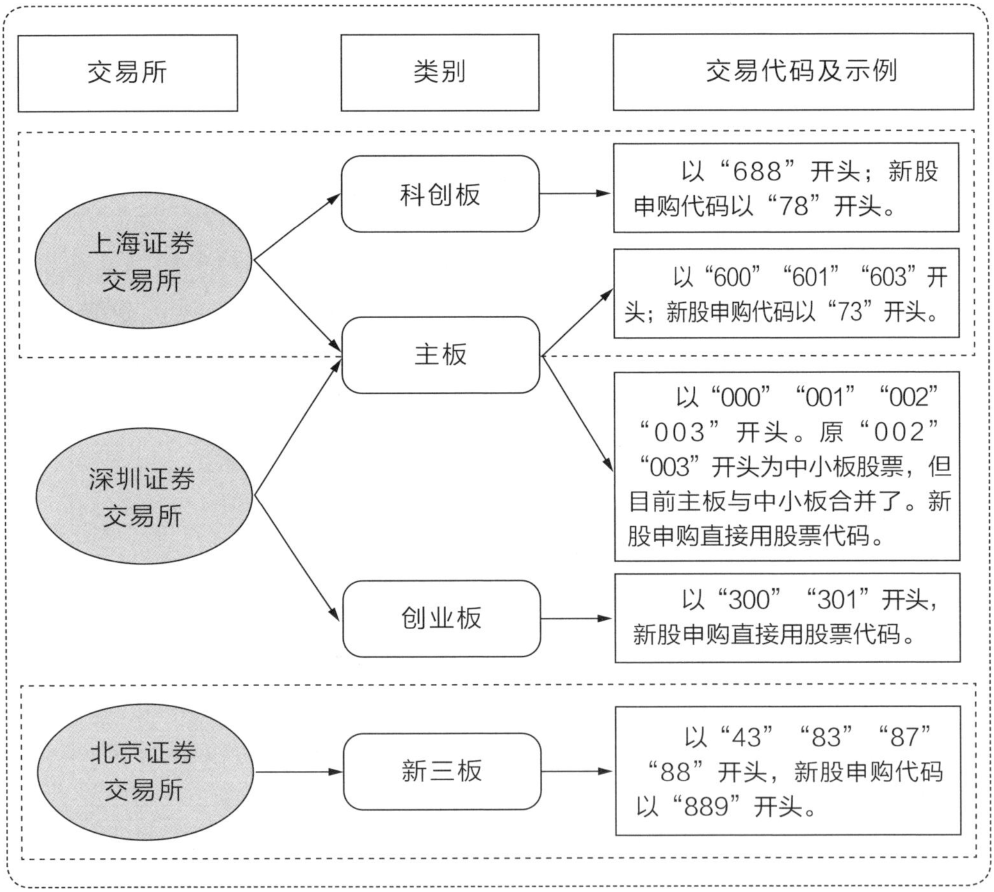

主板	主板，是指一个国家最主要的股票发行、上市和交易场所。我国的主板市场通常指沪深A股市场。股市主板股票代码以“600”“601”开头，如600000是浦发银行的证券代码；深圳主板股票代码以“000”“001”开头，如000002是万科A的证券代码。
科创板	科创板，全称科技创新板，是上海证券交易所专为科技型和创新型中小企业服务的板块。同时，科创板还承担股市注册制改革试点的任务，科创板股票代码以“688”开头。
创业板	创业板，是为了扶持中小企业，尤其是高成长性企业，在深圳证券交易所设立的。创业板在上市门槛、监管制度、信息披露、投资风险等方面和主板有较大的区别。因其风险较高，要求参与投资者必须具备较高的抗风险能力。创业板股票代码以“300”“301”开头。
新三板	“新三板”，原指中关村科技园区非上市股份有限公司进入代办股份系统进行转让试点，因为挂牌企业均为高科技企业而不同于原三板转让系统内的退市企业，故形象地称为“新三板”。2013年底，新三板方案突破试点国家高新区限制，扩容至所有符合新三板条件的企业。 2014年5月19日以前在新三板上市的公司，股票代码以“43”开头；2014年5月19日之后在新三板上市的公司，股票代码以“83”“87”“88”开头。

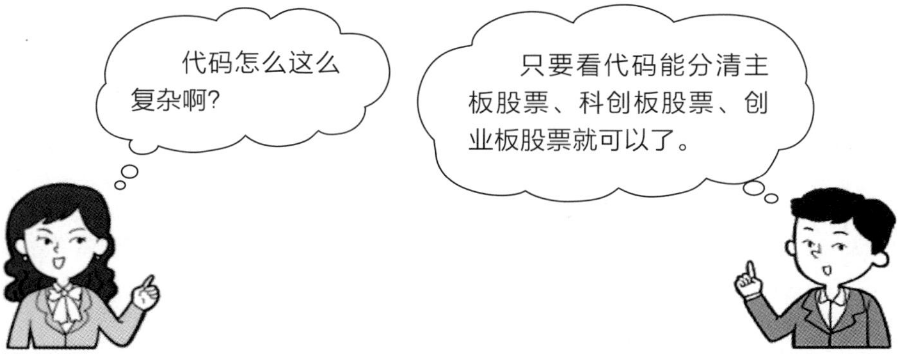

二、炒股，赚钱的基本模式

工具概述

炒股，就是为了赚钱。但事实上，在股市中真正赚到钱的人却是少数。因此，熟悉和掌握交易股票赚钱的模式就显得尤为重要了。

工具解读

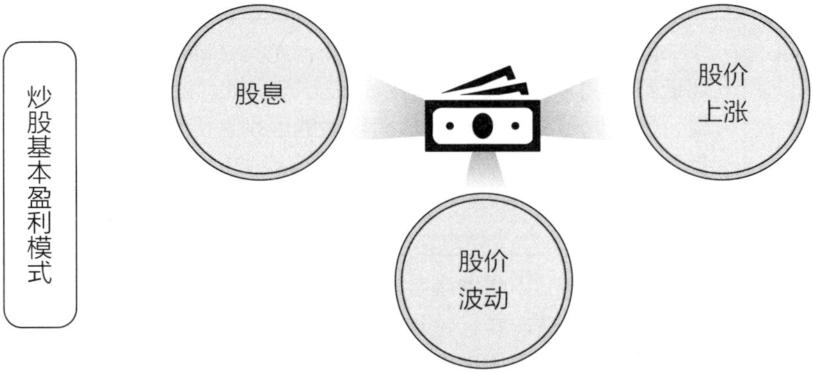

模式一：股息盈利

投资者持有上市公司的股票以获得相应的股息和红利为目标。

该模式适合分红比率较高的股票，以银行股和超级绩优股为主，且需要投资者长期持仓。

报告期	董事会日期	股东大会预案公告日期	实施公告日	分红方案说明
2022年报	2023-03-31	--	--	10派3.73元(含税)
2022中报	2022-08-27	--	--	不分配不转增
2021年报	2022-03-26	2022-06-29	2022-07-06	10派3.55元(含税)
2021中报	2021-08-28	--	--	不分配不转增
2020年报	2021-03-27	2021-06-30	2021-07-07	10派3.17元(含税)
2020中报	2020-08-29	--	--	不分配不转增
2019年报	2020-03-28	2020-07-01	2020-07-08	10派3.15元(含税)

上图为交通银行最近三年的分红数据。从图中可以看出，其每年每股的分红额度都在0.3元以上，而该股股价一直徘徊在5元左右。长期来看，持有该股拿股息也是不错的选择。

操作难易程度：简单　　股票标的要求：较高　　持有周期：长期

模式二：股价上涨

投资者在低位买入股票，持有一段时间后，在高位卖出。

该模式比较适合在熊市尾声入场，买入一些优质股票。选好股票，就是该模式成功的关键。

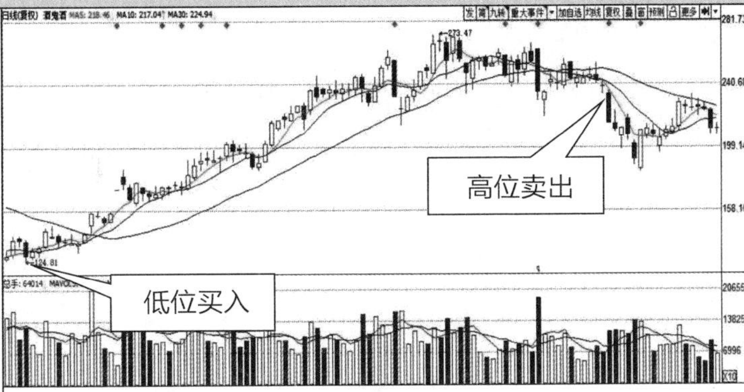

上图为酒鬼酒2021年3月到7月的股价走势图。从图中可以看出，该股在四个多月的时间里，股价翻了一倍。不过，该股上涨过程中，也出现了多次调整，投资者要能“拿得住”股票。

操作难易程度：较难　股票标的要求：较高　持有周期：中长期

模式三：股价波动

股价短期受利好刺激而快速拉升。

该模式不考虑股票本身质地，只看股票量价形态有无继续上升的可能。目标是博取股价上行的波段收益，哪怕只有1%的利润。

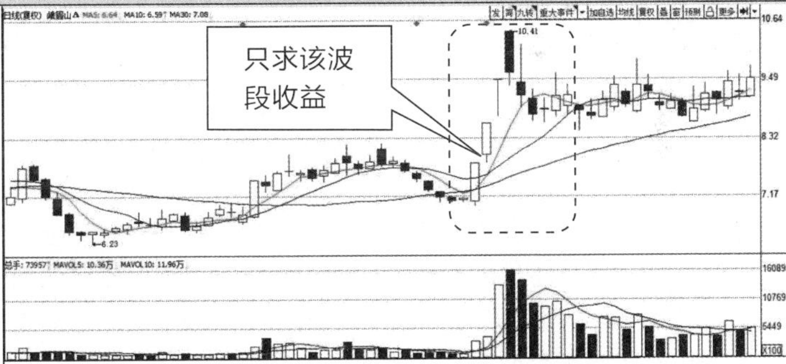

上图为峨眉山A在2022年11月底的股价走势情况。从图中可以看出，该股在11月中上旬已经出现了回调走势，而后才出现一波急速反攻走势。很多超短线投资者就是靠捕捉这种短线反攻走势来获利。当然，这种模式失败的概率也是很高的，但他们追求的是成功率和整体的获利率。比如，十次交易可以允许有五次甚至更多的失败（小亏损），但成功时，需要有更高的盈利比率，这样才能弥补之前的亏损。

操作难易程度：极难　股票标的要求：较高　持有周期：短期

三、股价波动的影响因素

工具概述

从以往的经验来看，市场上绝大多数投资者都希望通过股价波动来获得盈利。而造成股价波动的因素，又包括很多方面。

工具解读

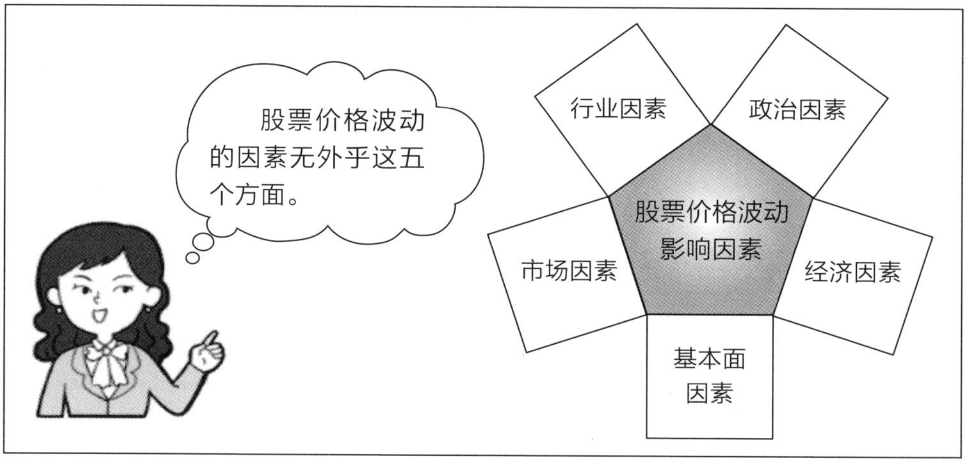

政治因素	政治因素，即国际或国内的一些政治事件都有可能影响股价的涨跌。比如，某国家发生战争，那么势必影响相关的国际贸易。当然，也会刺激军工类股票波动。国家发布的一些政策、规划等也能对一个或数个板块的股票产生巨大影响。 比如受俄乌冲突影响，2023年上半年军工股票，特别是中船系股票走势较强。中船科技在2023年4月下旬到5月初的十几个交易日内实现了股价翻番。
经济因素	经济因素主要是指宏观的经济环境，如国家整体经济运行情况、行业经济地位变化以及经济周期变化等。 按照正常的理解，国家经济形势向好时，股市也会向好；反之，当经济下行时，股市也会出现下跌走势。不过，在实际生活中，股市与经济周期走势并不会完全同步，而是要略早于经济周期。

基本面因素	基本面因素，这是股价波动最核心、最重要的一个因素。个股基本面包括公司整体运行态势、公司发展前景、同业地位、公司基本财务数据（包括每股净资产、市盈率、市净率以及净利润增长率等）。通常来说，市场对个股的基本面数据会有一个预期。而当个股基本面数据与市场的预期存在一定落差时，股价就会出现异常波动。比如，市场预期某只绩优股的年度每股收益在3元左右，而实际上可能只有2.5元。那么，即使这只股票的收益是非常不错的，但股价仍可能会下跌。因为股价走势已经透支了3元收益的涨幅，而此时的2.5元收益，势必会促成股价的回调，反之亦然。
市场因素	市场因素，主要是指主力机构或游资、大户的操盘意向。很多投资大师都曾经说过这样一句话：追随钱的足迹。市场上，这些主力机构、游资和大户的资金量比较大，他们关注的方向往往会对其他散户起到示范和引领作用，这样就会带动一批股票上涨或下跌。 短期内，资金流入较多的个股或板块，股价上行的概率较高；反之，资金流出的板块或个股，股价下行的概率会非常大。
行业因素	行业因素，是指每个行业特性对股价波动产生的影响。例如，有些行业具有明显的季节性，那么，销售旺季到来的时候，股价就会率先上涨。比如钢铁行业往往会受到国际铁矿石价格波动的影响，当矿石价格上涨，而钢材销售价格又无法同步时，就会引发股价下跌。

关于上述五点因素，需要重点注意以下几点。

第一，市场（资金）因素是推动股价波动最直接的因素。

第二，基本面因素是该股价波动的根本因素。

第三，经济因素，即国民经济因素，可以推动市场或个股走出大牛市或大熊市。

四、投资者的心理博弈

工具概述

股市，常常被看作投资者心理博弈的战场。同一只股票，在相同的价位，有人看涨，又有人看跌。这本身就是一种博弈。

工具解读

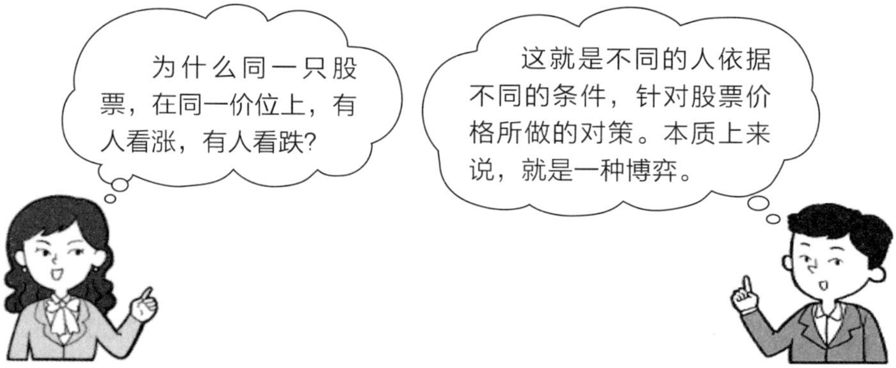

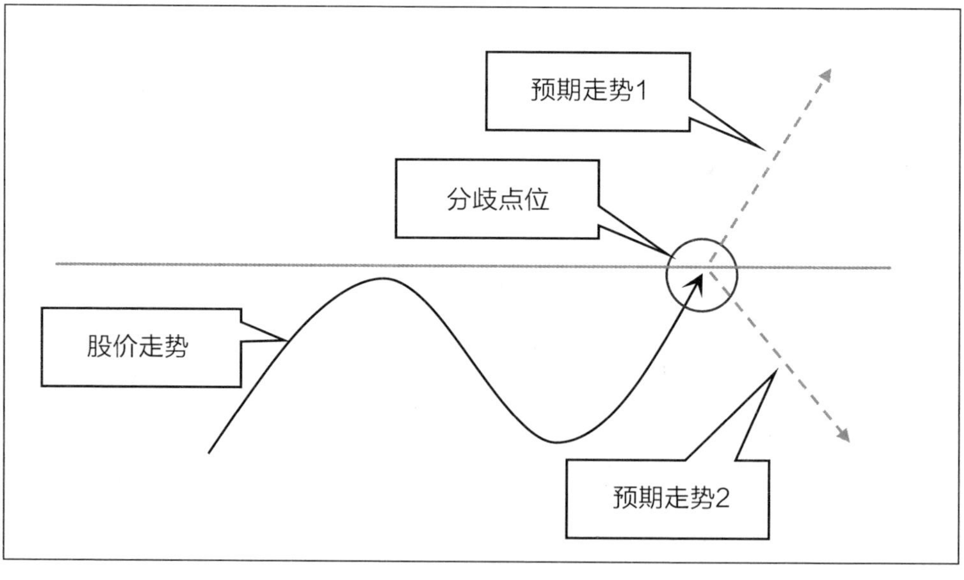

预期走势1解读

预期可能产生的原因

- 原因一：突破在即，资金流入明显，上升概率大。
- 原因二：利好消息已经出现，未来走高希望大。
- 原因三：有些专家或大V看好该股。
- 原因四：基本面较佳，估值有望进一步提升。
- 原因五：量价形态较好，技术指标发出买入信号等。

预期走势2解读

预期可能产生的原因

- 原因一：阻力位在前，回调可能性大。
- 原因二：利好兑现即利空，落袋为安。
- 原因三：股市黑嘴看好，应该反向操作。
- 原因四：长线可能还行，但短线回调风险加大。
- 原因五：主力有诱多的可能，先走为妙。

警示

第一，有交易就有分歧点位。这些点位不一定都是重要的支撑位或阻力位。

第二，市场从来不会按照投资者预期的方向行进，因为市场本身就有自己的选择。

第三，投资者能否盈利并不在于判断是否正确，而在于能否正确地操作。

第二节　股市生存必备工具

工具概述

股市如战场。进入股市，想要在股市中生存下来，投资者需要做很多的准备工作。这种准备工作是由内到外的，从思想到行为习惯。

没有人能保证投资者会坚持到迎来胜利的曙光。

工具解读

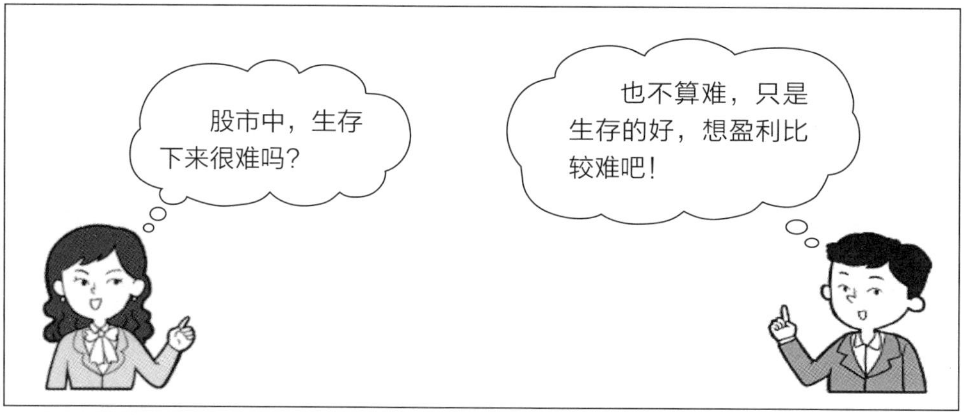

股市生存法则

第一，资金第一。
第二，学会独立思考。
第三，懂得使用技术分析工具。
第四，遵守交易纪律。

一、资金管理工具

工具概述

第一是保住本金；第二是保住本金；第三是记住前两条。

——沃伦·巴菲特（Warren E. Buffett，美国著名投资家）

工具解读

多少资金投入股市比较合适呢?

这就要因人而异了。有一个著名的高风险承受公式。

风险投资占比=（80−你的年龄）×1%

公式解读	个人承担高风险投资的比例，与年龄呈反比。年龄越大，向高风险领域投资的金额占比应该越小。股票属于典型的高风险资产。如果投资者的年龄是30岁，那么，投资者可以将自有资产的50%用于股票等高风险投资；如果投资者的年龄是50岁，那么，只能将自有资产的30%用于股票等高风险投资。

用于日常开支的资金

对外拆借的资金

融资配资平台的资金

二、独立思考

工具概述

在别人贪婪时恐惧，在别人恐惧时贪婪。

——沃伦·巴菲特（Warren E. Buffett，美国著名投资家）

工具解读

三、技术分析工具

工具概述

对于投资者来说，技术分析工具是不可或缺的。不了解技术分析工具，就很难理解股票市场的语言，很难做出科学、准确的判断。

工具解读

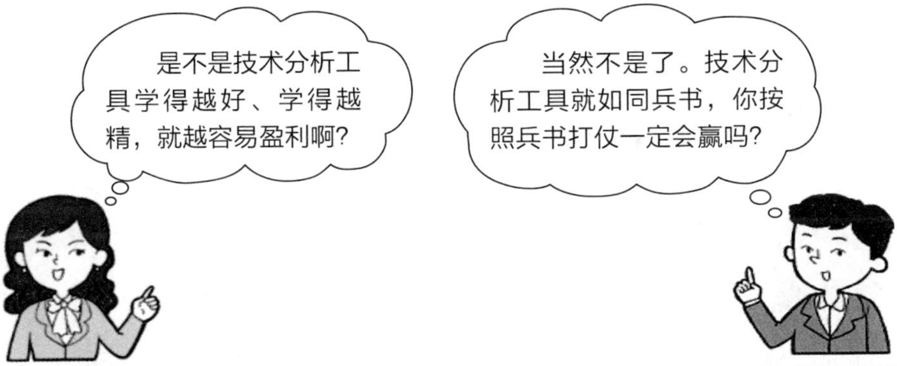

技术分析工具，就如同兵书一样，股票交易就是在交战。交易双方对这些技术分析工具都是心知肚明的，谁能取胜，还要看哪一方能够“活学活用”。

还应该清楚一点，坐在投资者对面的主力庄家，对这些技术分析工具掌握得已经“炉火纯青”了。因此，不要妄想机械地套用这些技术分析工具就能实现盈利，要因时（时间与时机）、因股（股票本身质地）、因势（外围环境）而有所变通。

- 盘面分析技术
- K线以及成交量分析技术
- 核心技术指标分析技术
- 资金、仓位、止盈止损技术

四、交易纪律

工具概述

要像保护自己生命一样，坚决捍卫交易纪律。

——来自诸多投资大师的忠告

工具解读

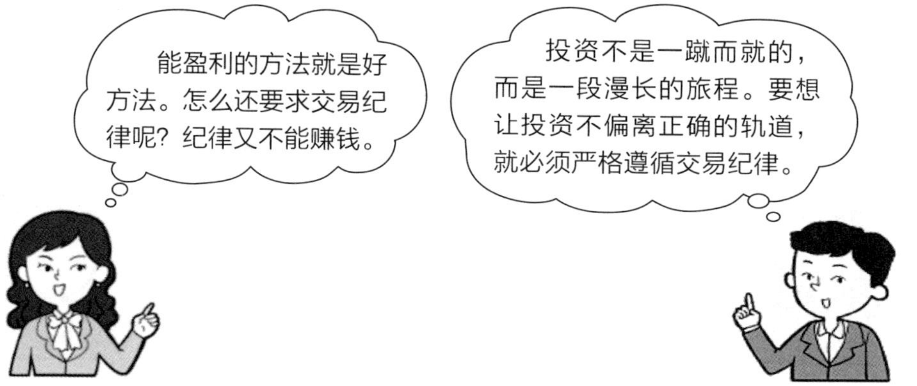

交易纪律	对于一个投资者来说，没有纪律的随意操盘行为也许能够带来一定的收益，但后患无穷。随意买卖的操盘行为如果长期持续下去，甚至养成了某种习惯，就会让投资陷入十分危险的境地。

- 必须建立完整的交易系统
- 坚守交易原则
- 宁可错过，不可做错误的交易
- 永远保持一颗平常心

第三节　入场交易前准备工具

工具概述

投资者要想交易股票，那么，首先需要一个证券账户。随着网络的普及，线上开户者越来越多，但仍有部分权限还需要投资者亲自到证券公司营业部去开立。

工具解读

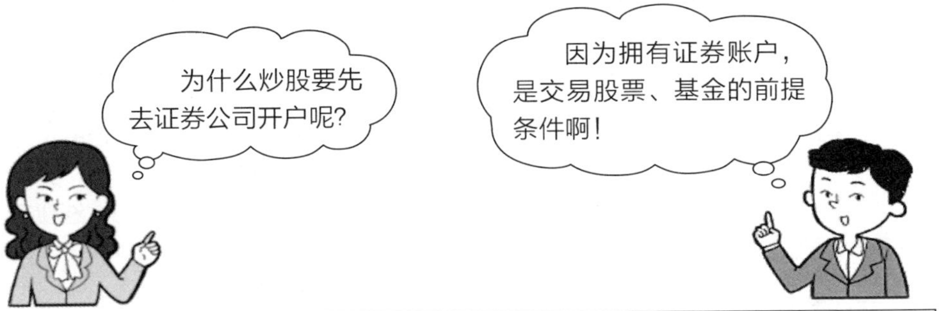

开户解读	所说的开户，其实可以分为两个概念：其一，在交易所开立的证券账户；其二，在证券公司开立的资金账户。个人不能直接到证券交易所开立证券账户，但可以以证券公司为中介，由其代为开立证券账户。同时，还需要在证券公司开立一个资金账户。证券公司会将个人银行账户与资金账户关联。个人银行卡上的资金转移至这个资金账户。此后，投资者就可以用资金账户上的钱进行股票交易了。

一、线下开户流程

工具概述

尽管选择线上开户的投资者越来越多，但线下开户，作为最基础、最常规的开户途径仍是不可替代的。特别是有些业务，必须本人亲自到场，这就更离不开线下营业部了。

工具解读

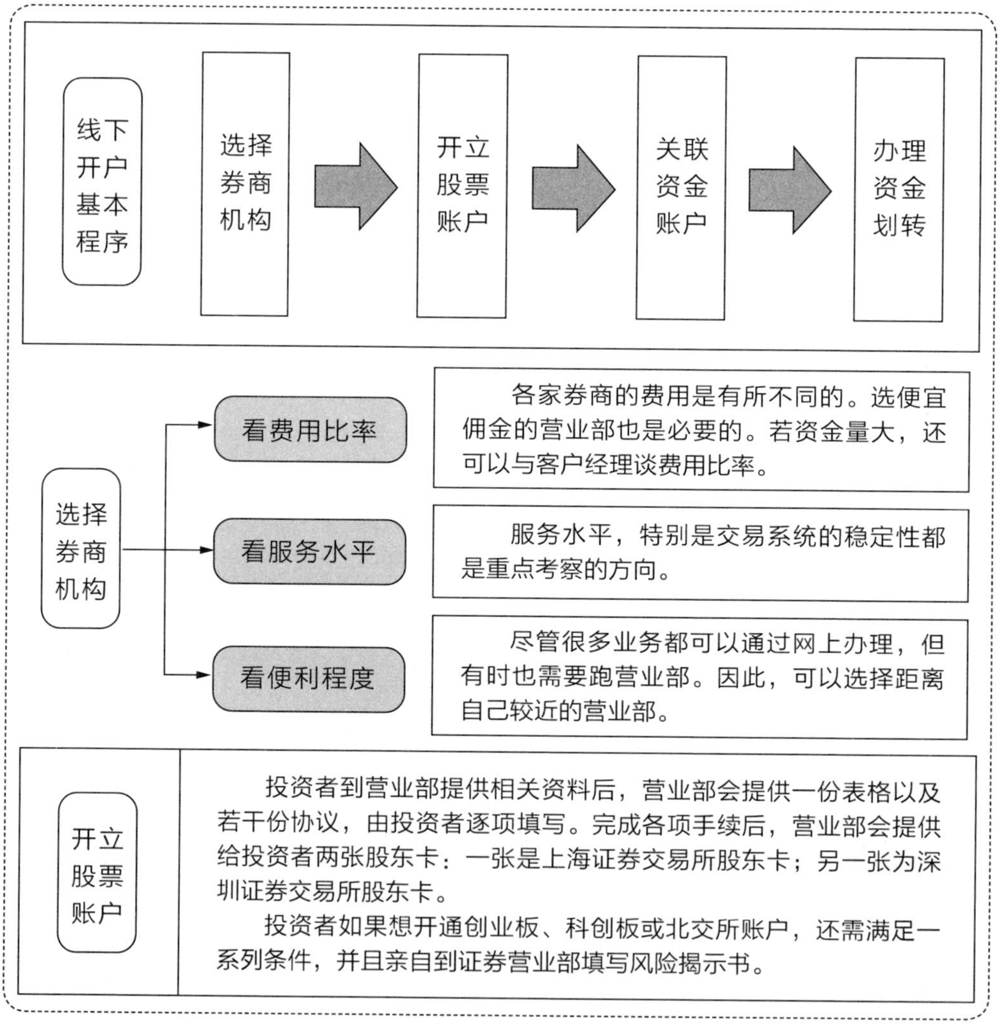

关联资金账户	股票账户开立完毕后，投资者需要选择一家银行，作为资金托管行，将股票账户与银行资金账户关联，并与券商签订一份三方协议。当然，投资者如果已经有银行卡或存折，可以直接在证券营业部签订好三方协议后，送到银行盖章确认，再将其中一份协议送回证券营业部即可。如果投资者没有银行卡或存折，也可以就近选择银行开户。
划转资金	投资者准备买入股票时，可通过炒股软件中的“银证转账”功能，将银行账户的资金转移至股票账户，从而进行股票交易活动。 有些证券公司的资金账户还可以直接接入各类货币基金。这样，转入资金账户的资金，在闲置时，也可以获得一定的收益，还不耽误交易股票。

二、线上开户流程

工具概述

随着网络的普及，线上开户日益成为很多投资者的选择。毕竟投资者不用亲自跑到营业部，就可以完成证券开户。同时，对于券商来说，线上开户，也有利于其扩大客户群体，降低服务成本。

工具解读

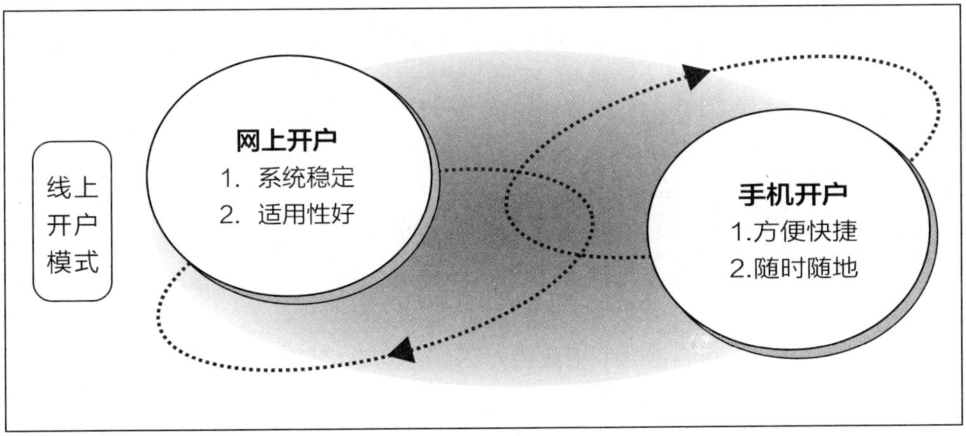

网络开户模式

进入券商网上开户界面前，投资者需要准备的材料有：电脑、手机、身份证、银行卡、高清摄像头、麦克风和耳机等资料和设备。

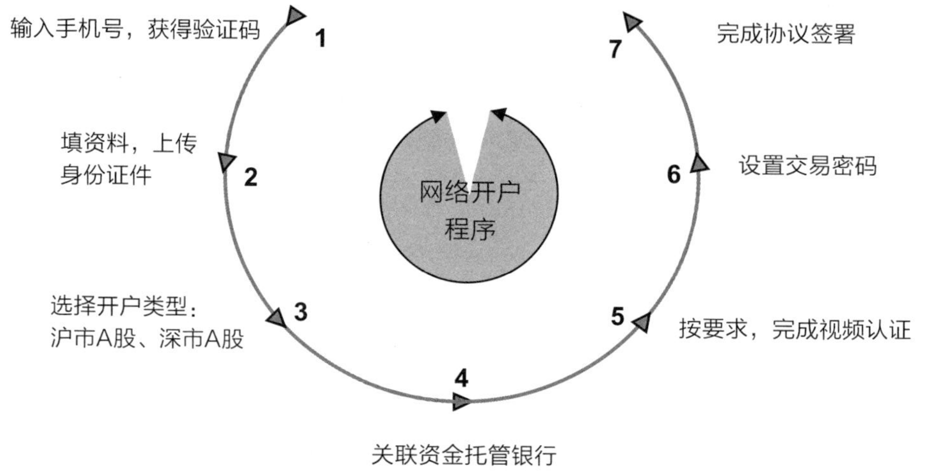

手机开户模式

手机开户前，投资者需要准备的材料：智能手机、身份证、银行卡等资料。

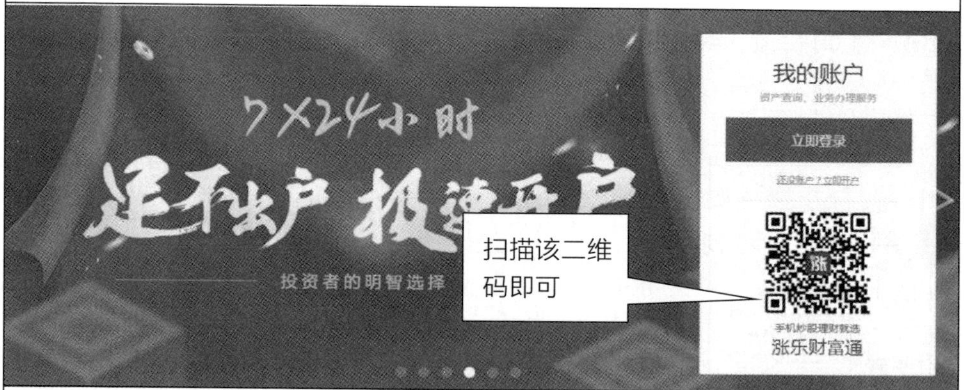

第一步：

搜索拟开户券商的手机APP应用，然后扫描其APP应用二维码（以华泰证券为例），下载并安装该程序。

第二步：

安装完成后，手机界面中会有该程序的图标。点击进入该程序后，在【我的】页面，点击【极速开户】选项。

点击此处

第三步：

进入开户界面后，系统会提示投资者准备好身份证和银行卡等资料，然后，按照系统提示逐步操作就可以完成开户操作。

结束：

在开户流程的最后阶段，证券公司会与投资者进行视频验证以确保开户者为投资者本人。

三、创业板、科创板开户

工具概述

相对于主板股票来说，创业板、科创板股票的波动更为剧烈，风险也更大。因此，想要参与这两个板块的投资者，必须具备一定的资金实力，且能够承受一定的投资风险。

工具解读

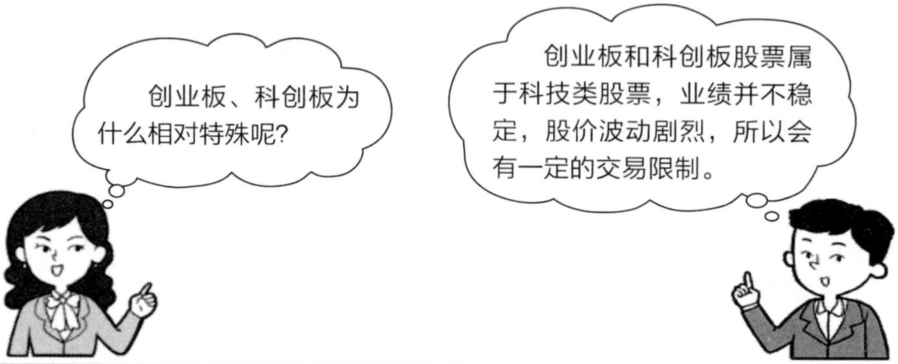

创业板开户	
开户条件	投资者在创业板开户需要满足以下两个条件。 第一，开通交易权限前20个交易日的证券账户和资金账户的日均资产不低于10万元（不包括融资融券融入的资金和证券）。 第二，证券交易经验不低于24个月。 新客户开通创业板时，在完成风险承受能力评估后，要签订创业板风险揭示书，开通成功2个交易日后才可以买入创业板股票。
开户程序	对于已经拥有股票账户的投资者来说，创业板的开户比较简单，只需携带身份证件，到营业部柜台就可办理。 目前，创业板开户也可通过手机或网络来完成。证券软件会自动完成投资者开户条件的评估，并要求投资者签订相关文件。投资者只需配合完成即可。 原本已经开通创业板权限的投资者，在转换证券公司时，可直接重新开通创业板权限。

科创板开户	
开户条件	投资者在科创板开户需要满足以下三个条件。 第一，开通交易权限前20个交易日的证券账户和资金账户的日均资产不低于50万元（不包括融资融券融入的资金和证券）。 第二，证券交易经验不低于24个月。 新客户开通科创板时，需要完成一系列评估，还要签订科创板风险揭示书。开通成功一般下一个交易日即可交易。

开户程序	科创板的开户与创业板相似。 对于已经拥有股票账户的投资者来说，科创板的开户比较简单，只需携带身份证件，到营业部柜台办理即可。 目前，科创板开户也可通过手机或网络来完成。证券软件会自动完成投资者开户条件的评估，并要求投资者签订相关文件，投资者只需配合完成即可。 原本已经开通科创板权限的投资者，在转换证券公司时，可直接重新开通科创板权限。

四、融资融券、港股通开户

工具概述

相对而言，融资融券和港股交易，所面临的风险更大。因此，开通这两类交易所需的门槛也相对高一些。

工具解读

融资融券开户	
融资融券	融资融券，又称证券信用交易，或保证金交易。是指投资者向具有融资融券业务资格的证券公司提供担保物，借入资金买入证券（融资交易）或借入证券并卖出（融券交易）的行为。该定义也可以这样理解：投资者认为某只股票可能会上涨，就可以先到证券公司借钱买入，待股价上涨卖出后，再将钱还给证券公司，这就是融资交易；投资者认为某只股票可能要下跌，也可以先到证券公司借来股票卖出，待股价下跌后再买回股票归还证券公司，这就是融券交易。
开户条件	开通融资融券交易也是有一定门槛的，具体包括以下三条。 第一，投资者所持有的资金必须具备相当的资金规模才能参与融资融券交易。即开户前20个交易日内日均资产总额不低于50万元。 第二，投资者最少需要参与股票交易满六个月。 第三，所属券商必须具备相关的资质，这一点可向开户券商咨询。

操作标的要求	并不是所有的股票都能进行融资融券交易，这些股票应符合以下条件。 第一，上市时间满三个月。 第二，流通股本不少于1亿股或流通市值不少于5亿元。 第三，股东人数不少于4000人。 第四，近三个月，日均换手率不低于基准指数日均换手率的20%。 第五，发行企业已经完成股权分置改革。 第六，未被ST处理等。
操作要点	融资融券账户属于信用账户，与普通账户是分开的，以下几点需要注意。 第一，融资融券交易是需要额外支付费用的，包括利息和手续费等。手续费是一次性支付的，而利息则因资金占用的时间而定。一般利率为5%至7%，投资者可与券商客户经理沟通。 第二，融资融券账户与普通账户内的股票可进行划转。各个交易软件上都有该功能，但一般是当日提出划转申请，下一交易日才能到账并使用，当日可以撤销。

港股通开户	
港股通	港股通，是指投资者委托上交所会员，通过上交所证券交易服务公司，向联交所进行申报，买卖规定范围内的联交所上市股票。它的范围是香港联合交易所恒生综合大型股指数、恒生综合中型股指数的成分股和同时在香港联合交易所、上海证券交易所的A+H股公司股票。
开户条件	在试点初期，香港证监会要求参与港股通的内地投资者仅限于机构投资者及证券账户及资金账户余额合计不低于人民币50万元的个人投资者，即20个交易日内，证券账户平均资产不低于50万元（不包含融资融券金额）。 投资者也可以通过证券交易软件线上申请开通该权限。

第四节　股市交易规则工具

工具概述

没有规矩不成方圆。股市能够得以稳定的运行和发展，必然离不开制度和规则的设立。其中有些制度和规则对投资者交易有着重要的影响，这是投资者必须要了解和掌握的。

工具解读

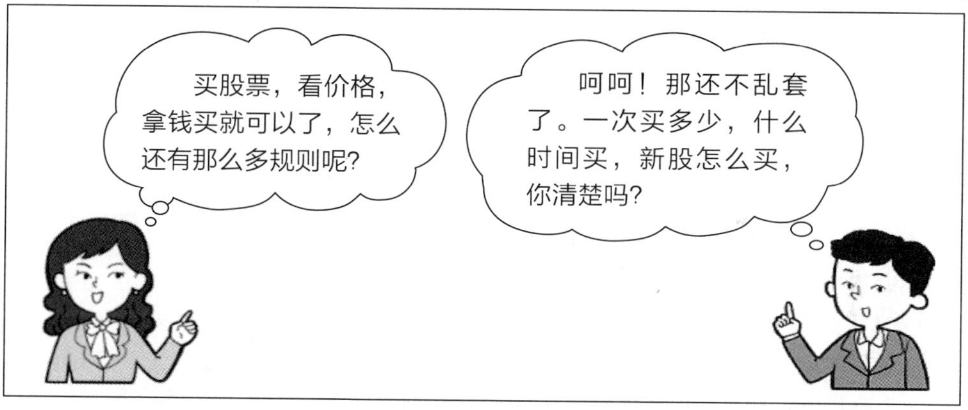

股市基础交易规则

股市交易中的规则有很多，下面这几项尤为重要。

第一，时间、数量和价格规则。

第二，集合竞价规则。

第三，涨跌停板规则。

第四，T+1交易规则。

第五，新股申购规则。

第六，港股交易规则。

一、交易时间、数量及价格规则

工具概述

交易时间、数量以及价格规则，是股市交易规则中最基础的规范，也是投资者交易股票的重要规范。

工具解读

交易时间	股市交易日是非周六、周日，且节假日不开市。每天交易时段如下。 上午：9:30至11:30 下午：13:00 至15:00 另外，上午开盘前的9:15至9:25，下午临近收盘的14:57至15:00为集合竞价阶段。科创板和创业板中可作为融资融券标的的股票额外还有一个盘后固定交易时间，即15:05至15:30，其价格以当日收盘价为交易价格。
交易数量	股票市场的交易单位为“股”，100股=1手。每次交易必须是100股或其整数倍，即买卖多少手。 因分红、送股、配股等原因产生零股的情况，可一次性卖出，不可以买入零股。 目前，科创板和北交所的交易数量与上述规定有所不同。科创板要求最低交易数量为200股，北交所的最低交易数量为100股。超过最低限额后，可以有零股，比如201股、306股等。
交易价格	沪深A股市场的最小报价单位为“0.01元”。买入和卖出股票，需将价格精确至0.01元。沪市B股最小报价单位为“0.001美元”。深市B股最小报价单位为“0.01港元”。

二、集合竞价规则

工具概述

集合竞价，是指对一段时间内接收的买卖申报一次性集中撮合的竞价方式。

工具解读

集合竞价时段		
	9:15至9:20	可发出交易指令，也可撤销。系统会显示虚拟成交量及虚拟的成交信息。
	9:20至9:25	可发出交易指令，不可撤销。系统自动撮合成交。
	9:25	开盘价形成时间。
	14:57至15:00	可发出交易指令，不可撤销。系统自动撮合成交。

集合竞价规则	
	集合竞价需要遵循以下三个原则。 1. 以有效价格成交，能够获得最大成交量。 2. 高于参考价买进申报与低于参考价的卖出申报必须全部成交。 3. 与参考价位相同的申报，其中买入申报和卖出申报至少有一方全部成交。 若有几个价格同时符合上述三个条件，沪市按照几个价格的中间价成交，而深市则按照与前一交易日收盘价最近的价格成交。

三、涨跌停板规则

工具概述

涨跌停板，是指股价只能在设定的最大上涨或下跌幅度内波动。如果下单价格超过该幅度的限制将被视为无效下单。

工具解读

涨跌停板规则	目前，A股市场上的主板市场股票的涨跌停限制为10%，即股价上涨10%就不会再上涨了，当然，由于股价的最小报价单位为0.01元，10%的涨跌限制也会稍有不同，但以下几类股票除外。 第一，新股上市的涨跌停不受10%的限制，后面还会详细讲解。 第二，ST类股票的涨跌停限制为5%。 第三，创业板和科创板股票的涨跌停限制为20%。 第四，北交所股票的涨跌停限制为30%。

同星科技在2023年6月9日早盘开盘后直接被拉升至涨停位。涨幅为20.00%（创业板股票涨停板为20%）。

股价一旦到达涨停位置，再想买入股票就会非常困难；反之，股价到达跌停位置，卖出则非常困难。

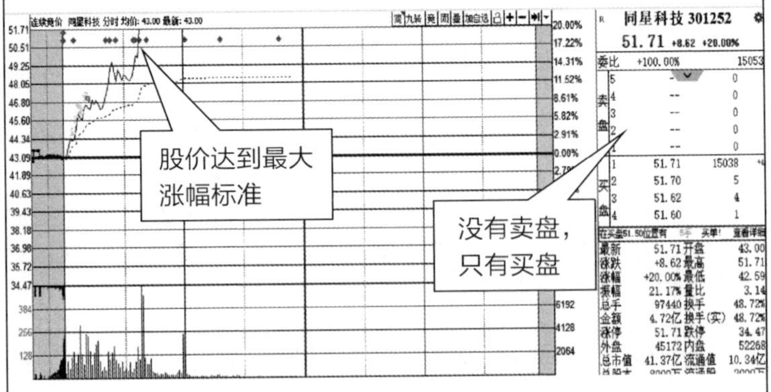

四、T+1交易规则

工具概述

“T+1”交易制度，是指投资者当天买入的股票要到下一个交易日才能卖出，但卖出的股票当天就可以买入新的股票，不过，当天卖出股票的资金却不能当天提现。

工具解读

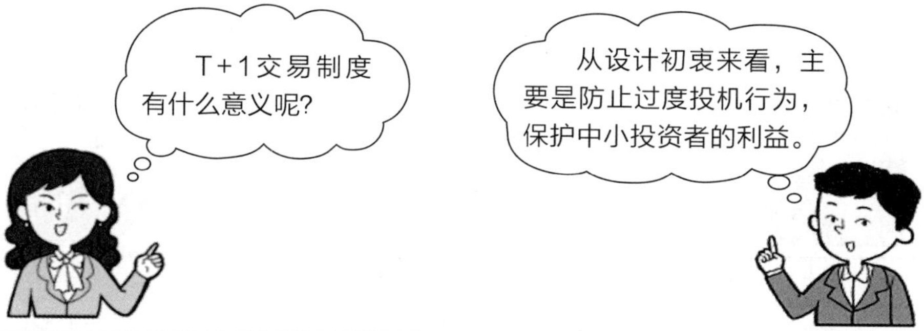

T+1交易规则

“T+1”交易制度中的T是指交易当天，“T+1”则是指交易完成后的下一个交易日。与“T+1”交易制度相对的是“T+0”交易制度。“T+0”交易，是指当天买入股票，当天即可卖出。

“T+1”交易规则，本意是为了防止过度投机。但在实际交易过程中，主力资金常常利用该规则引诱散户追高，并将散户套于高位。

海康威视的股价在2023年3月27日早盘低开后，被主力大幅向上拉升。期间股价一度上涨至将近4%。正当所有的投资者看好该股后续走势，纷纷入场追涨时，主力反手卖空该股。因“T+1”交易制度的原因，当日买入者不能卖出。追涨者只能眼看着被套于高位。

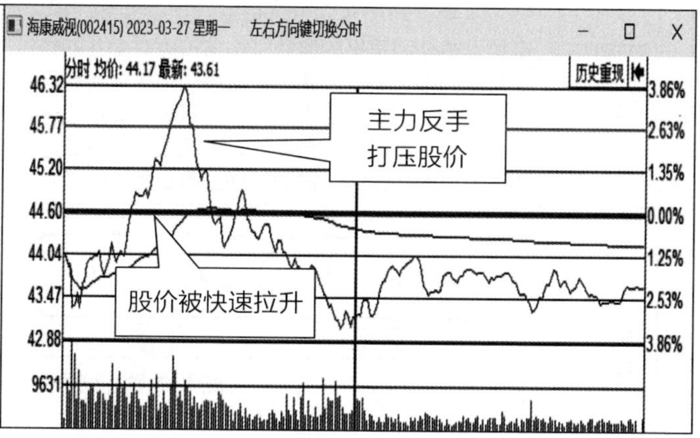

五、新股申购及交易规则

工具概述

新股，是指刚刚上市发行的股票。由于缺少套牢盘，很多机构也没有建仓，因此，股价波动的幅度往往都非常大。

工具解读

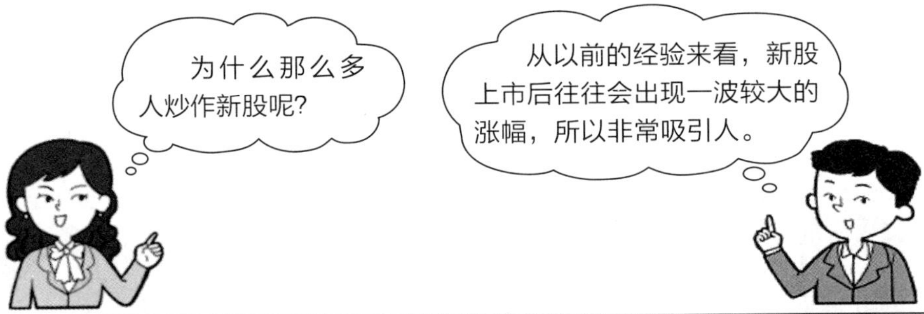

新股解读	
	“新股不败”的传说
	由于以前股市实行的是核准制。每只股票上市前都要经过层层筛选和审核。因而，能够成功上市的企业都是各行各业的佼佼者。同时，为了让更多的投资者参与申购新股，发行方也会刻意压低股价。这就使得新股的股价往往大幅度低于其市场价值。同时，能够上市的企业还是少数，物以稀为贵。这也使得很多新股上市后都会经历一波上升狂潮，甚至流传有“新股不败”的传说。
	未来新股的走势也会充满不确定性
	未来，我国股市发行制度将由核准制向注册制过渡。这也意味着，原来审核上市公司质量的监管机构将不再对企业的经营质量进行审核，而只是对上市公司的相关文件形式进行审核。未来将会有更多的企业上市，上市公司将不再是稀缺品。新股上市后，股价走势也会产生一定的分化，即优质企业的股票价格还将会被追捧、被爆炒；而质量一般企业的股票将不会再有上涨狂潮。投资者需要擦亮眼睛，仔细甄别上市公司的质量。

新股申购

申购日（T日） → 公布配号（T+1） → 公布中签号（T+2）

新股申购的安排

申购日	第一，投资者按照系统的提示和可申购额度，直接点击申购新股。只要在早上9:00到下午15:00之间提交申购请求即可。 第二，新股申购数量只能是申购单位的整数倍。其中，沪市每1000股为一个申购单位，深市每500股为一个申购单位。另外，属于沪市的科创板股票为每500股为一个申购单位。 第三，投资者申购的新股数量不得超过按持股市值核算的申购限度，且不得超过社会公众股总量的千分之一。 第四，每个账户只能申购一次，如果多次申购，将以第一次申购为准，其他申购为无效申购。 第五，新股申购完成后，系统会自动生成一份合同号，而非新股配号。
公布配号日	申购结束的次日，系统会根据有效申购顺序以及有效申购总量，为某一申购单位配号。也就是说，这天早上，投资者就可以从炒股软件中看到自己的申购配号了。一般情况下，系统给出的都是起始配号和配号数量。 例如，某投资者获得了3个配号，起始配号为：000001，那么，其他两个配号自动成为000002和000003。 同一天，主承销商会根据配号数量和发行股票总数公布该只新股的中签率。当然，同一天新股的抽签也将启动，也就是说，新股的中签号在这一天就会定下来，有的券商会在当天下午或晚上将中签信息发送到投资者手中。
公布中签号	这是官方公布中签号的时间。公布的中签号一般为后几位数字，例如，中签号为1234，则凡是配号最后四位为1234的全部中签。 大多数券商会以短信或电话的方式通知中签者本人。当然，为了安全起见，投资者最好在公布中签号当天查看一下自己的新股申购情况，以免漏缴中签款项。 当天下午四点是中签缴款的最后截止时间。也就是说，投资者必须保证在四点之前股票账户的资金余额足够缴纳中签款项。 事实上，中签不缴款，让自己失去一次获利机会，若在12个月内连续三次中签不缴款，将会被暂停6个月的打新资格。

新股申购数量规则

考察维度

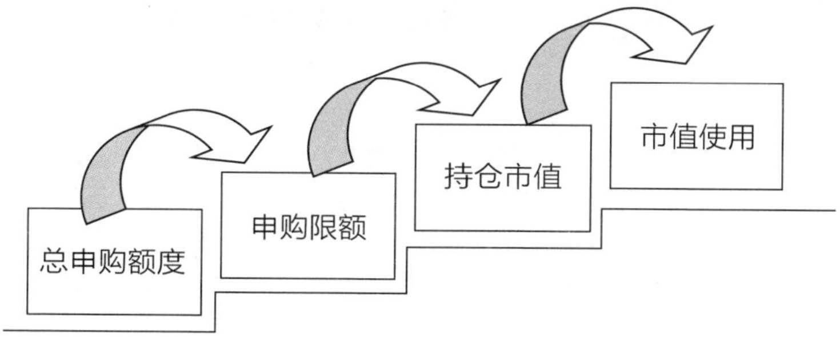

新股申购额度	投资者持有股票市值在10000元以上，其中沪市主板每10000元分配一个申购单位；沪市中的科创板股票每5000元分配一个申购单位；深市每5000元分配一个申购单位，若市值不够分配一个申购单位，则不计入。沪市主板每个申购单位可以申购1000股，科创板和深市每个申购单位可以申购500股。 例如，某投资者持有沪市股票的市值为25000元，那么，他申购非科创板股票时将获得2个申购单位，即2000股在沪市发行新股的申购资格，申购科创板股票时将获得5个申购单位，即2500股在沪市发行科创板新股的申购资格。
申购限额	投资者申购的新股数量不得超过主承销商发行的数量，不得超过社会公众股总量的千分之一。一般情况下，在新股申购栏目中，股票交易系统都会给出申购上限，即投资者无论持有多高市值的股票，都不能超过申购上限，这也是为了保护投资者的利益，让更多的投资者中签。
持仓市值	每个投资者持有股票市值的计算为“T-2”，前20个交易日持有股票的平均市值为准，若投资者持有多个股票账户可合并计算，持有的融资融券市值也可以合并计算。账户开户时间不足20个交易日的，按20个交易日计算日均持股市值。
市值使用	同一交易日，同一交易所如果有多只新股发行，其持有股票的市值可以重复使用。例如，某投资者持有2万市值的沪市股票，且连续持有20个交易日以上，那么，无论沪市同一天发行多少只新股，该投资者每只新股都可以申购2000股。

打新股的规则最近几年调整幅度较大，投资者最好通过一些证券门户网站了解最新的政策信息和新股发行信息。

新股申购数量规则	
核准制新股	A股市场已经进入全面注册制时代。不过，目前仍有少量的核准制新股待发行。这部分股票发行上市后，就不会再有核准制新股了。 核准制新股主要为沪深主板市场的新股。因而，新股上市后涨跌幅度为首日最大涨跌幅度达到44%，下一个交易日开始，涨跌幅度恢复为10%。

注册制新股

- **科创板与创业板新股**：新股上市五个交易日内是没有涨跌停限制的。五个交易日之后，股票涨跌停板的幅度为20%。
- **主板新股**：新股上市五个交易日内是没有涨跌停限制的。五个交易日之后，股票涨跌停板的幅度为10%。
- **临时停牌**：单次盘中临时停牌时间为10分钟，具体标准为。
  第一，无价格涨跌幅限制的股票盘中交易价格较当日开盘价格首次上涨或下跌达到或超过30%。
  第二，无价格涨跌幅限制的股票盘中交易价格较当日开盘价格首次上涨或下跌达到或超过60%。

六、港股交易规则

工具概述

随着港股通的启用，交易港股成为内地投资者的又一个选择。尽管通过港股通无法交易全部的港股，且也无法实现卖空交易，但能够交易部分高质量港股还是不错的，而且还可以进行“T+0”交易，这都是 A 股所不具备的。

工具解读

基本定义	港股通，是指投资者委托上交所（或深交所）会员，通过上交所（或深交所）证券交易服务公司，向联交所进行申报，买卖规定范围内的联交所上市股票。港股通包括沪港通和深港通两种。对于投资者来说，两者差别不大，也无须过多地关注。

港股基本交易规则

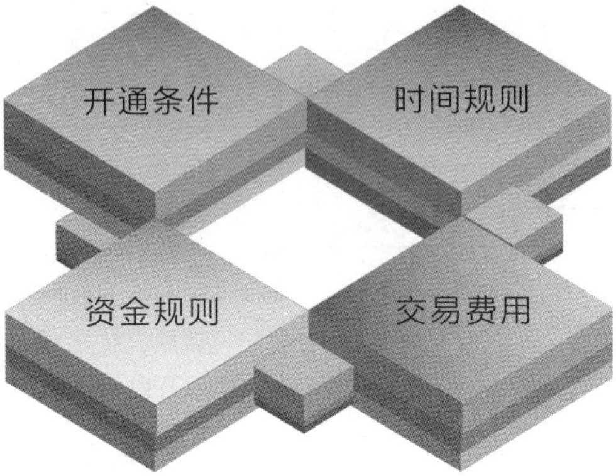

开通条件	香港证监会要求参与港股通的内地投资者仅限于机构投资者，以及证券账户和资金账户余额合计不低于人民币50万元的个人投资者。即20个交易日内，证券账户平均资产不低于50万元（不包含融资融券金额）。 同时，还要求投资者参与风险承受能力评估。
时间规则	借助港股通来买卖港股时，需要在A股交易日内，且香港股市也在交易时间内进行交易。 交易日的9:00至9:30为开市前时段（集合竞价），其中9:00至9:15接受竞价限价盘申报，9:30至12:00及13:00至16:00为持续交易时段（连续竞价），接受增强限价盘申报，16:00至16:10为收市竞价交易时段（于16:08至16:10之间随机收市），16:01开始接受竞价限价盘申报。
资金规则	采用T+0回转交易，投资者当日买入股票当天可卖出。T+2资金交收交易，T日卖出股票，T+2日可以买A股，T+3日资金可取。 港股是没有涨跌停限制的，因此，风险也要高于A股市场股票。
交易费用	交易港股的费用，与A股有所不同。目前，主要包括印花税（双边，0.1%）、交易征费（双边，0.003%）、交易费（双边，0.005%）、交易系统使用费（每笔0.5港币）、股份交收费（双边，0.002%，最低2港币，最高100港币）、证券组合费（根据持仓金额、持仓时间收取）。 整体上来看，交易港股的费用并不是很高，与交易A股最大的不同是，持有港股是要收费的。持仓年费也就在0.01%左右。

第二章
炒股常用基础工具

第一节　交易软件工具

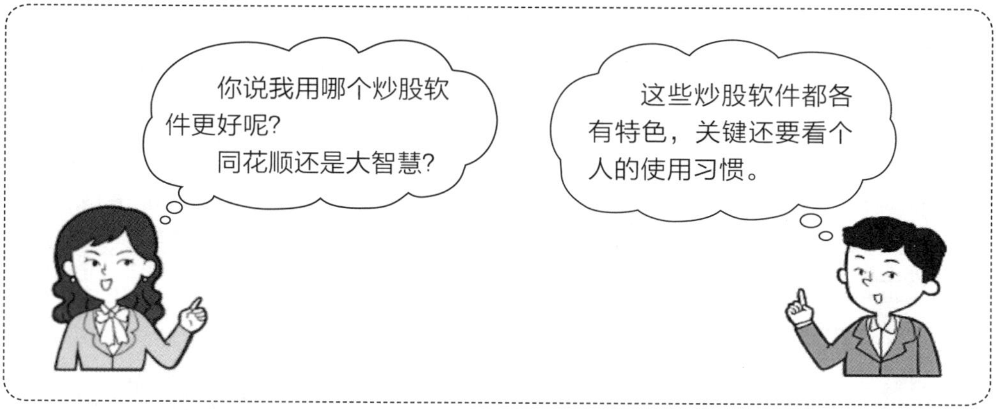

股票交易软件，是炒股者离不开的工具。同花顺、大智慧、通达信、东方财富等，都是历经市场考验的软件。严格来说，各家的炒股软件区别并不算大，也都能满足投资者的炒股需求，关键还要看投资者个人的偏好。

一、同花顺

工具概述

同花顺炒股软件，被投资者称为最好用的炒股软件之一，在市场上拥有大批忠实用户。其功能非常强大，概括起来包括这样三个方面：交易与行情展示、走势分析与预测、盯盘与交易预警。

工具解读

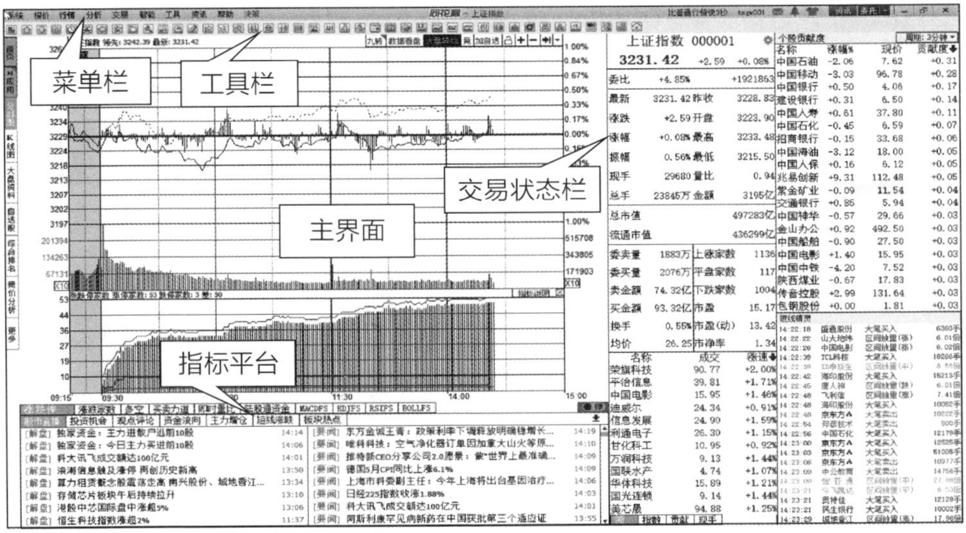

同花顺软件界面

同花顺核心功能

基础报价

这是所有股票交易软件都具备的基础性功能。涵盖了股票、基金、债券、港股通等诸多领域的实时价格信息，以及资金流入与流出信息等。

交易分析

同花顺的交易分析涵盖了大盘对照、历史回忆、未来预演等功能。

交易执行与预警

辅助投资者完成交易下单也是交易软件核心功能之一，还有交易预警、鹰眼盯盘、短线精灵、智能选股、诊股等功能。

辅助工具与服务

涵盖交易决策过程中所需的各类财经类资讯。同时，还提供了各类画线工具、技术指标工具等。

二、大智慧

工具概述

大智慧炒股软件，是目前功能最为丰富，使用者人数众多的一款炒股软件。与其他股票交易软件相似，其功能也可以概括为三个方面：交易与行情展示、走势分析与预测、盯盘与交易预警。

工具解读

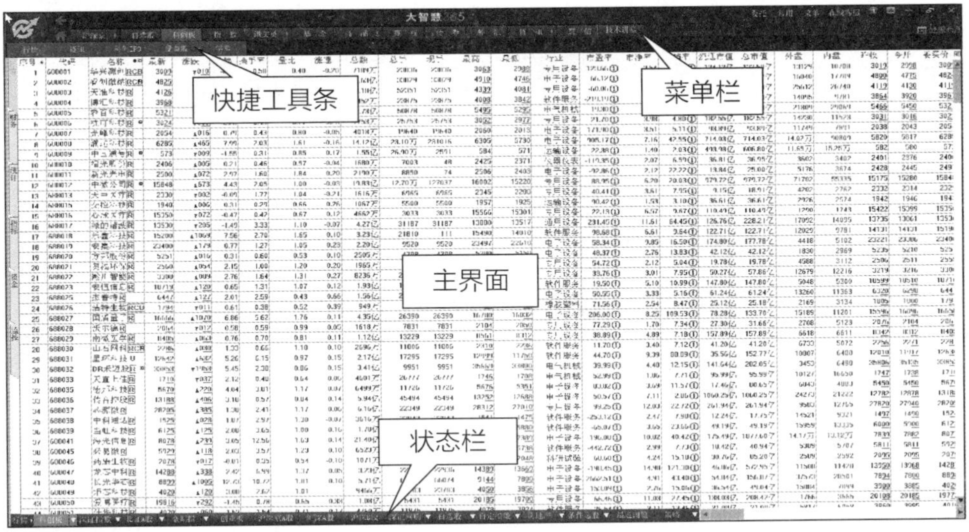

大智慧软件界面

大智慧核心功能

基础报价

大智慧软件整个菜单栏都是围绕报价项目设计的。点击这些菜单栏，可以看到细分的二级快捷工具条。报价菜单涵盖了沪深京、科创板、指数等类别以及各种资讯栏目。

交易分析

大智慧的交易分析多是围绕个股或指数而展开的。分析项目包括分时走势、技术分析、基本资料、主题诊断、企业图谱以及成交明细等内容。

交易执行与预警

辅助投资者完成交易下单也是交易软件核心功能之一，还有交易预警、鹰眼盯盘、短线精灵、智能选股、诊股等功能。

辅助工具与服务

涵盖交易决策过程中所需的各类财经类资讯。同时，还提供了各类画线工具、技术指标工具等。

三、通达信

工具概述

通达信炒股软件，是一款特别实用、高效的软件，在市场上拥有大批忠实用户。其功能非常强大，概括起来包括这样三个方面：交易与行情展示、走势分析与预测、盯盘与交易预警。

工具解读

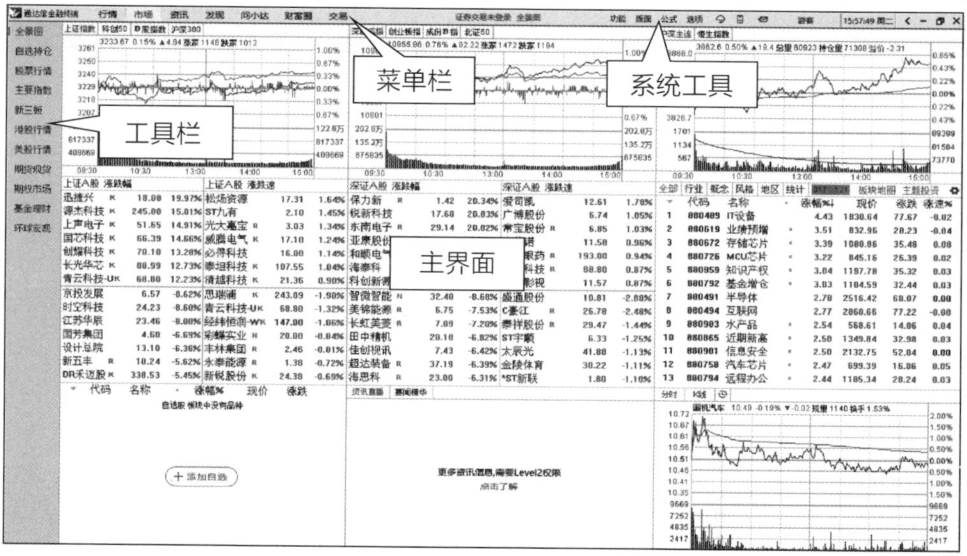

通达信软件界面

通达信核心功能

行情报价

在行情、市场两个菜单栏下，通达信提供了股票、基金等国内外各类市场的报价和行情信息。

交易分析

通达信的交易分析涵盖了沙盘推演、训练模式、历史同步回忆、江恩分析系统等。

交易执行与预警

辅助投资者完成交易下单也是交易软件核心功能之一。还有交易预警、复盘、报表分析、策略股票池等功能。

辅助工具与服务

涵盖交易决策过程中所需的各类财经类资讯、公式工具等。同时，还提供了各类画线工具、选股工具等。

第二节　股票追踪工具

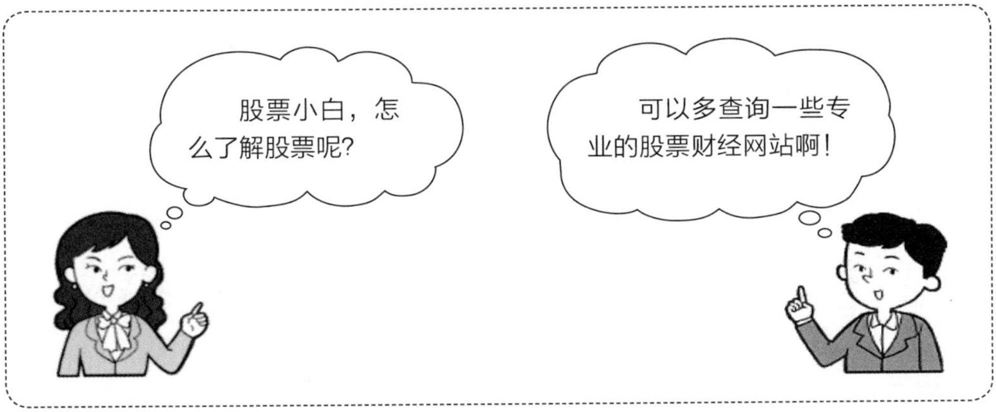

股票与经济基本面关系非常紧密。了解股市信息的同时，也要对整个宏观经济基本面有一定的了解。

一、金融界网站

工具概述

金融界网站，是金融和财经信息提供商，是全球最大的中文财经网站之一。网站涉及财经、股票、基金、期货、债券、外汇、银行、保险、贵金属、房产等诸多金融资讯与财经信息。

工具解读

金融界网站基础功能

财经中心

金融界网站作为财经领域最为重要的信息提供商之一，及时提供各类经济动态信息以及市场解读，是其最基础的功能。

股票中心

股票信息以及相关财报信息也是金融界网站吸引读者的一个重要领域。该网站提供非常前沿的股市分析信息。

理财中心

该板块所涉及的理财领域极为广泛，涵盖了银行、保险、基金、黄金、外汇、期货、债券等领域。

行情数据

该板块不仅提供了股市温度计、龙虎榜等特色数据，还提供了沪深A股市场、概念股大全、基金行情等诸多数据信息。

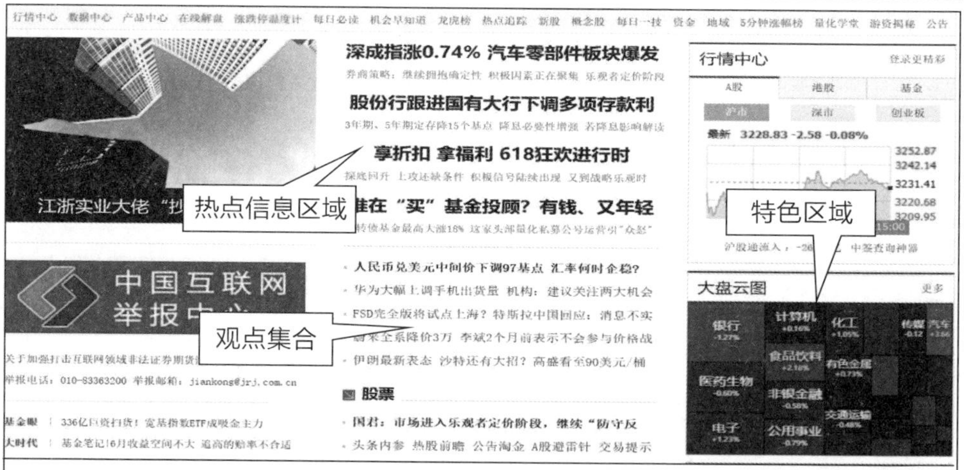

在金融界网站的核心功能区，以介绍热点财经信息为主，同时辅以各类观点、数据等信息。让投资者对最新财经信息和观点有一个全面的认识和了解。右侧实时的大盘云图是金融界网站比较有特点的工具，可以让投资者直观地了解到当前市场引领指数上行或下行的股票。

二、巨潮资讯网站

工具概述

巨潮资讯网站是中国证券监督管理委员会指定的上市公司信息披露网站，由深交所全资子公司深圳证券信息有限公司运营，平台始终致力于保护投资者的知情权和参与权，为投资者提供一站式的证券市场信息服务。该平台不仅有深市上市公司的信息资料，也有沪市上市公司的信息资料。

工具解读

巨潮资讯网站基础功能

公告速递

该板块提供了上市公司各类公告信息，包括股东大会、增发信息、日常经营、股份变动等信息。

公开信息

涵盖了上市公司各类公开信息、融资融券信息、大宗交易、减持解禁等信息。

互动与调研

该板块给出了各类互动问答以及相关投资研究机构的调研信息等。

网络投票

该板块提供了各大上市公司的网络投票相关信息，包括投票时间、提案内容等。

公告速递　　更多 ›

相关细分领域

股东大会　日常经营　股权变动　增发　首发

代码	简称	公告标题	日期
688479	友车科技	关于召开2023年第二次临时股东大会的通知	06-13
688468	科美诊断	科美诊断技术股份有限公司关于自愿披露公司获得医疗器械注册...	06-13
688205	德科立	无锡市德科立光电子技术股份有限公司第一届董事会第十九次会...	06-13
688157	松井股份	湖南松井新材料股份有限公司董事集中竞价减持股份时间过半暨...	06-13
603991	至正股份	至正股份关于召开2023年第二次临时股东大会的通知	06-13
603933	睿能科技	睿能科技关于股东平潭捷润持股比例变动超过1%的权益变动的...	06-13

在巨潮资讯网站各大板块内又细分了若干领域。投资者直接点击【选项卡】就可以查询相关信息。相比于其他资讯网站，巨潮资讯网站的设置相对直接，以便于投资者查询为主。

三、中证指数公司网站

工具概述

中证指数公司网站，由上海证券交易所和深圳证券交易所根据中国证券监督管理委员会要求，共同出资发起设立的一家专业从事证券指数及指数衍生产品开发服务的公司。中证指数公司网站可以帮助投资者了解各类指数的构成、编制方法以及净值变动数据等。

总之，中证指数公司网站是投资者跟踪指数最佳的选择之一。

工具解读

中证指数公司网站基础功能

指数体系

该板块提供了中证指数系列、上证指数系列、深证指数系列、北证指数系列、新三板指数系列、中华交易指数系列、中基协指数系列等多维度指数体系。

中证估值

该板块提供了债券估值、债券收益率曲线分析以及组合型信用保护合约等内容。

中证ESG（责任投资）服务

该板块涵盖了中证ESG体系评价方法、评价体系、评价结果以及评价数据等内容。

数据服务

投资者可利用该板块内的证券指数检索功能，查询某只股票或证券所属的全部指数。

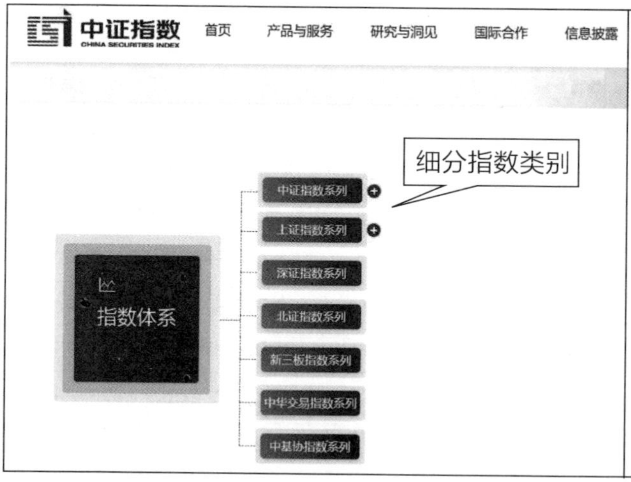

对于普通投资者来说，中证指数公司网站的指数体系服务是最具使用价值的。投资者可以通过该公司网站追踪各类指数以及指数的构成。

四、雪球网站

工具概述

雪球网站是雪球财经旗下的一个社交投资网站，用户可以通过雪球网站查看资讯、交流讨论、添加自选股等。雪球网站活跃着一大批投资达人，吸引了很多投资者尤其是新手小白的关注。雪球股票、蛋卷基金、雪盈证券是其旗下比较有代表性的互联网应用程序。

工具解读

雪球网站核心功能

社区服务

这是雪球网站区别其他投资类资讯网站的核心所在。雪球网站的社区有很多活跃的投资达人，为小白投资者提供投资参考和经验分享。

行情资讯信息

提供全市场实时的A股、H股等行情信息，以及最新的资讯信息。

数据服务

投资者可借助筛选器等功能，根据各类分析指标查询符合要求的股票。另外还有雪球网站自创的技术分析指标。

交易服务

与其他交易服务软件相比，雪球网站也提供A股开户与交易、以及H股等实时行情信息等服务。

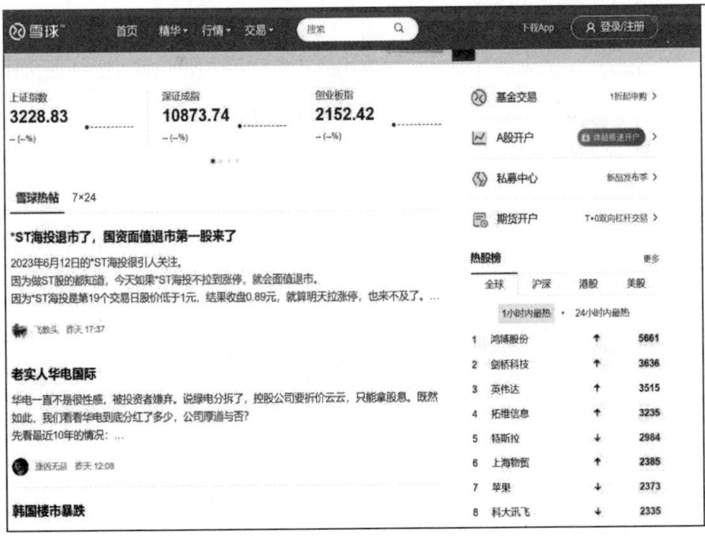

左图为雪球网站【今日话题】标签下的部分页面信息。该页面给出了当前时段热门帖子，投资者可以参与讨论。

五、东方财富网站

工具概述

东方财富网站集金融交易、行情查询、资讯浏览、社区交流和数据支持等功能于一体，向海量用户提供全方位、一站式的金融服务。东方财富网站是很多股民喜欢使用的获取股票和投资信息的一个综合性网站。

工具解读

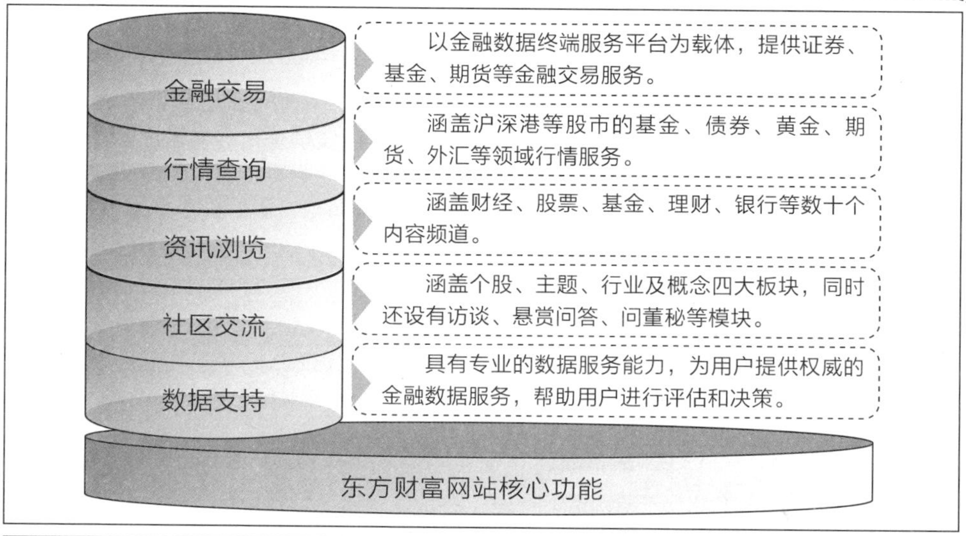

在东方财富网站的核心功能区，重点推荐了一些有代表性类型的财经观点，同时，右侧的财经导读也会将最新的热门财经新闻、热点板块推送给投资者，以便于投资者做出投资决策。

第三章
股票交易基础技术工具

所有的技术分析，
都是为了判断股价未来是上涨还是下跌的！

第一节 看盘工具

工具概述

看盘，是投资者入市后需要掌握的第一项技能。股票盘面的技术图形与数据信息是投资者研判股价运行方向，制订交易计划的重要参考。

工具解读

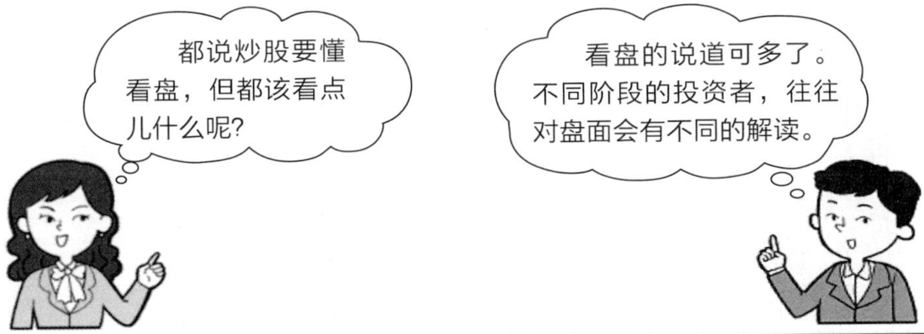

看盘项目	大盘分时图	观察整个市场的运行态势，点数与成交量变化等
	个股分时图	观察个股价格与成交量变化，并预判价格未来走势
	盘口	观察买卖双方实力对比变化，特别是异常单子的情况
看盘要点	分时线波动	分时线是价格的直观反映，也是最核心的看点
	成交量线变化	成交量线需要与分时线协同，即量价配合式观察
	盘口变化	重点关注一些异常大单的进出
	早盘与晚盘	这两个时段是最容易出现盘口异动的时间段

一、大盘分时图综述

工具概述

通常所说的大盘指的就是沪市的上证综合指数（简称上证指数）和深市的深证成份股指数（简称深证成指）。由于目前深证成指的走势大多数时间都与上证指数保持一致，因而，通常意义上投资者所说的大盘，特指上证指数。

工具解读

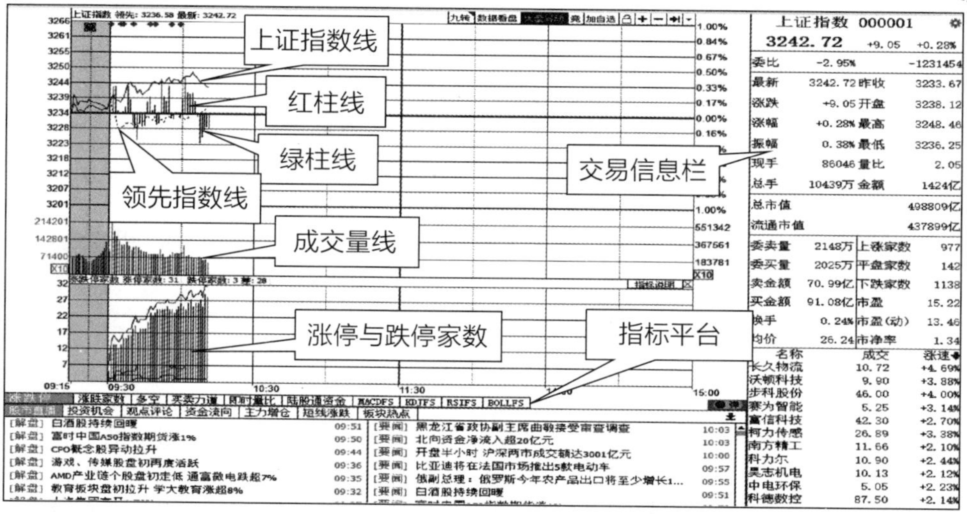

上证指数分时走势图（2023年6月14日）

从上图可以看出，上证指数在2023年6月14日的分时走势图中，两条走势线分别为上证指数线和领先指数线。上证指数线代表了上证指数的实际走势，反映的是经过加权处理的大盘指数，在一般的股市行情软件中用白线表示；领先指数线代表的是不含加权处理的大盘指数，在行情软件中一般用黄线表示。图中的红柱线与绿柱线表示的是买盘与卖盘的对比情况，在横线上方的红线柱，表示的是买盘大于卖盘的情形；在横线下方的绿线柱，表示的是卖盘大于买盘的情形。

大盘是风，个股是船。风朝哪个方向吹，船就会往哪个方向跑。在实战过程中，个股的走势不可避免地会受到大盘走势的影响。也就是说，大盘走势将直接影响个股的走势。看盘，就要先看清大盘的走势，然后再看个股的走势。

核心影响因素

国家宏观政策影响

国家或政府近期发布的一些宏观经济政策将会直接推动大盘的运行。

市场资金量变化

资金流动是影响市场波动的直接原因。因此，各类资金政策以及热钱的流动都会对大盘产生较大影响。

外围股市波动

股市的波动具有一定的国际联动性。特别是美国的股市对A股影响较大。

国家宏观政策

- **全局性宏观政策**：这些政策往往对整个国民经济都会产生重要的影响，对股票市场中的诸多行业也会产生重要影响。
- **地域性政策**：国家发布的一些针对个别地区的政策，会引发相关股票或板块股价的异动，甚至引发大盘波动。
- **行业性政策**：国家针对一些特殊行业发布的政策，可能会为相关行业带来较大的影响，进而引发相关板块股价的异动。

市场资金量变动

- **存款准备金率**：存款准备金率的调整对各大商业银行能够向市场投放贷款的量，具有较大的影响，进而影响市场资金量。
- **央行基准利率**：央行基准利率调整，可以调节市场的资金流量。即降息，有助于增加市场资金量；升息，则相当于从市场抽取资金。
- **其他货币政策**：央行除了利率和存款准备金率等工具外，还有很多调节市场资金量的工具，例如央行逆回购等。

外围股市行情

- 并不是所有国家股市的走势都会对我国股市产生影响。对我国A股大盘影响较大的主要是美国股市以及一些欧洲国家的股市。
- 外围股市，特别是美国股市对我国A股的影响主要表现在A股市场的开盘阶段。之后，还要看其他方面的因素。
- 随着我国经济的发展，外围股市对A股市场影响正在减弱。A股也会反向影响其他国家股市的走势。

二、上证指数线与量线

工具概述

上证指数线与量线，是股市技术分析中的基础项目，也是基础的量价分析项目。其分析的核心要点在于分时线的走势与整个市场成交量的配合情况。

工具解读

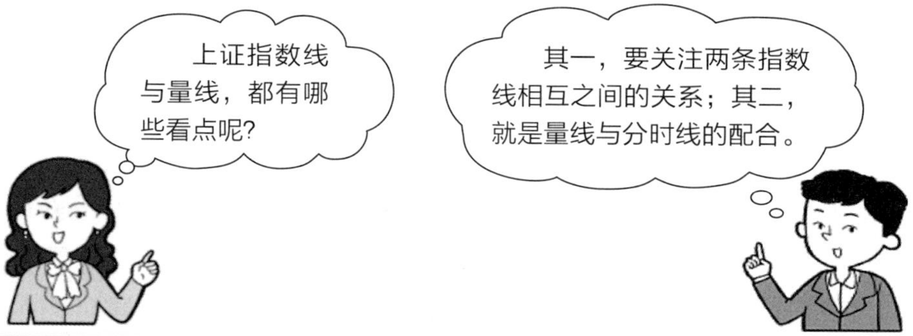

上证指数线分析	
上证指数线	上证指数线，是以样本股的发行股本数为权数进行加权计算得到的。因此，一些大盘股（权重股）对该线的走势影响很大。而领先指数线，是未经过加权处理的，受权重股影响较小。因而，更能反映一些小盘股的走势特点。

上证指数线与领先指数线	指数上升	上证指数线更快	大盘股在领涨，且强于小盘股
		领先指数线更快	小盘股在领涨，且强于大盘股
	指数下行	上证指数线更快	大盘股在领跌，弱于小盘股
		领先指数线更快	小盘股在领跌，弱于大盘股
	两条指数线黏合一处		整个市场处于普跌或普涨格局
	两条指数线走势相悖		说明市场资金存在严重分歧

大盘分时量线分析	
大盘量线	成交量线的变化反映了资金流动的变化。当成交量线呈红色并逐渐拉长，说明有资金持续流入，且流入量增加明显；当成交量线呈绿色并逐渐拉长，说明有资金持续流出，且流出量增加明显。

案例分析

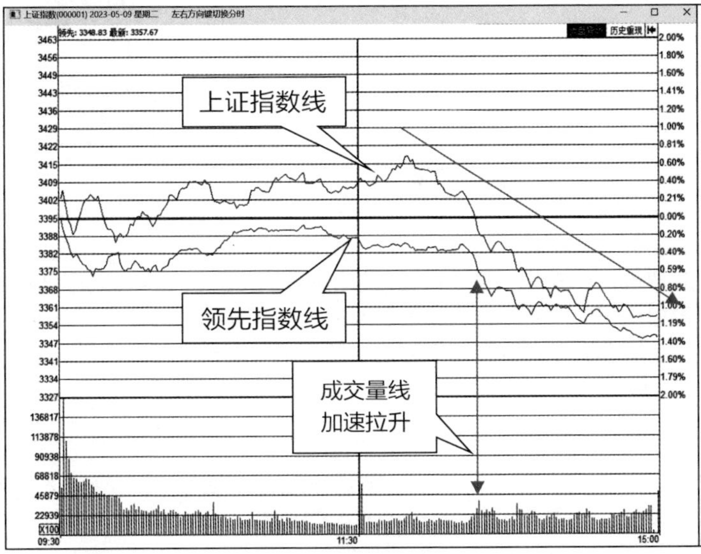

左图为2023年5月9日大盘指数分时走势图。

从图中可以看出，上午时段，大盘指数一直在开盘点位附近振荡，且上证指数线在上，说明大盘股一直在维护着大盘，没有下跌。进入下午时段，领先指数线大幅跳水，带动上证指数线全线走低，且成交量线同步拉升，说明资金有加速出逃迹象，未来看跌。

上证指数线与领先指数线的变动，反映了市场资金关注热点的变动与资金操作的重点。通常来说，上证指数线走强意味着资金攻击的重点在大盘股，这也可能让小盘股因缺少资金而走弱，反之亦然。

三、涨跌数量分析

工具概述

涨跌家数与涨停跌停家数也是很多股票交易软件提供的分析项目。关注这两个数据有助于投资者了解当前市场的热度与走势强弱。这也可以作为大盘分时线走势的一个辅助性分析指标。

工具解读

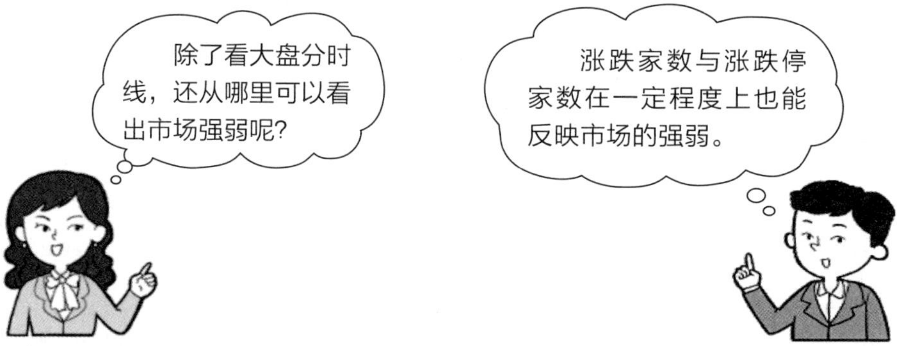

涨跌家数分析	
涨跌家数	上涨家数与下跌家数的多少反映了市场的景气程度。上涨家数是指当时股票价格高于前一交易日收盘价的股票个数。下跌家数是指当时股票价格低于前一交易日收盘价的股票个数。与此相对应，还有平盘家数这一概念。平盘家数是指当时股票价格与前一交易日收盘价相同的股票个数。

涨跌家数

- 上涨家数多于下跌家数 → 市场气氛非常活跃，短期有进一步上涨的可能，适合投资者进行短线操作。
- 下跌家数多于上涨家数 → 市场气氛非常不好，短期还有进一步下跌的可能，投资者最好采取观望的态度。

涨停与跌停家数分析	
涨停与跌停家数	在一些股票交易软件的大盘分时图页面，以曲线的形式展示了沪深两市动态的涨停与跌停家数变化。通过本功能，投资者可以大致判断市场整体呈强势或弱势格局。

案例分析

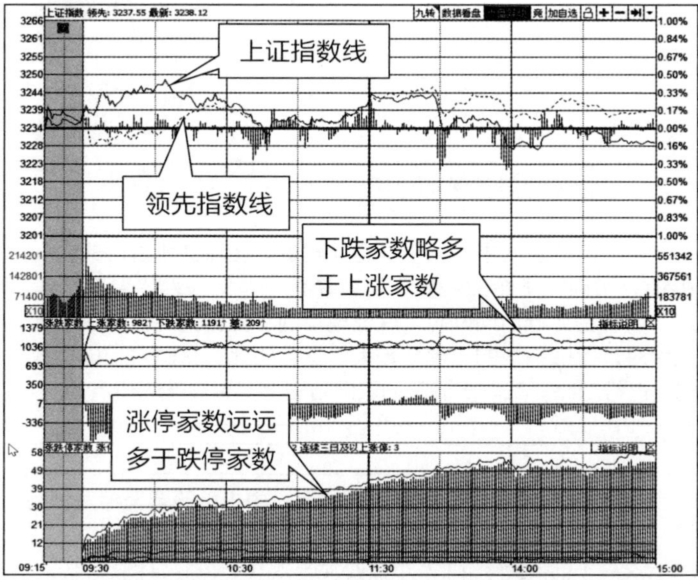

左图为2023年6月14日大盘指数分时走势图。下半区分别为上涨家数与下跌家数走势图和涨停家数与跌停家数走势图。从图中可以看出，上涨家数与下跌家数相差不大，下跌家数略多于上涨家数，其与大盘走势（大盘微跌0.14%）相吻合。

上图中，在涨停家数与跌停家数方面，涨停家数远远多于跌停家数，说明市场做多力量仍旧很强势。观察上证指数线与领先指数线可以发现，领先指数线要大幅强于上证指数线，这说明小盘股走势较强，而涨停个股多为小盘股，这两方面就基本吻合了。

四、叠加分析

工具概述

大盘分时图叠加分析，主要是通过将深证成指的分时线叠加至上证指数线分时界面进行走势对比分析。借以可以看出两者走势的强弱，以及市场运行的主要推动力量。

工具解读

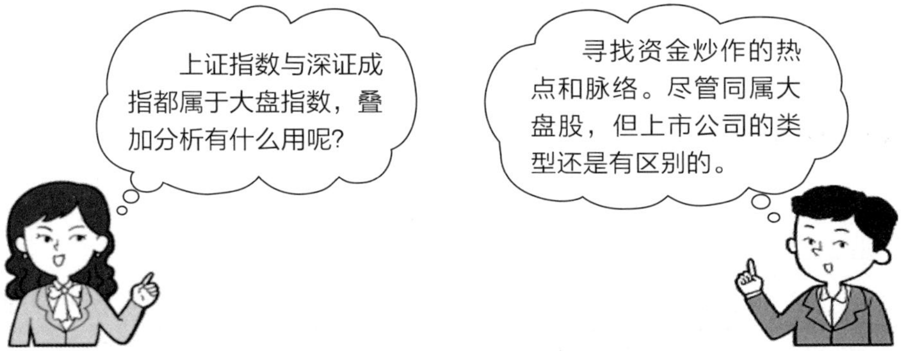

大盘分时图叠加分析	
上证指数线与深证成指线	在上交所上市的企业中，大中型企业居多。在深交所上市的企业中，中小企业和创投类企业偏多，这就使得某些时段两者会有所差别。例如，中小企业行情向好时，深证成指的涨幅会偏高。国企改革概念被热炒时，上证指数的涨幅会较大。正因如此，有时将上证指数与深证成指进行对比，可以更清楚地识别市场上资金炒作的热点。

上证指数线与深证成指线

上证指数线强于深证成指线	大盘股在领涨，中小盘股票呈相对弱势
深证成指线强于上证指数线	小盘股在领涨，大盘股呈相对弱势
两条指数线黏合一处	整个市场处于普跌或普涨格局
两条指数线走势相悖	说明市场资金存在严重分歧

案例分析

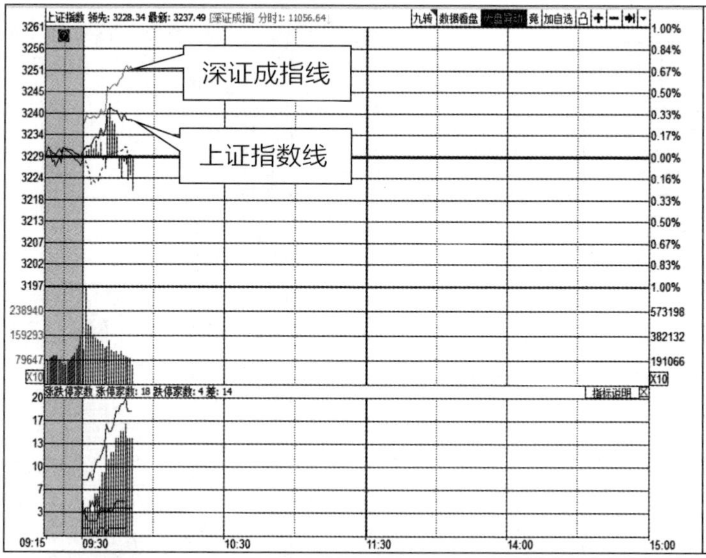

左图为2023年6月15日早盘开盘后的指数走势图。从图中可以看出，上证指数线在与深证成指线的对比中完全处于下风。早盘时段，完全是深证成指线在领涨，这也说明了整个市场的投资方向偏向于中小盘股。此时，创业板指数涨幅超过了1%。更可印证市场是以中小盘股票在领涨的判断。

叠加分析，是股市技术分析领域经常使用的一种方法。投资者可根据需要将两只股票或股票与某一指数进行叠加分析，以判断两者相互之间的走势强弱。

五、个股分时图综述

工具概述

股票盘面的技术图形与数据信息是投资者研判股价运行方向，制订交易计划的重要参考。通常所说的“看盘”“盯盘”所指的也多为看个股的分时走势图。

工具解读

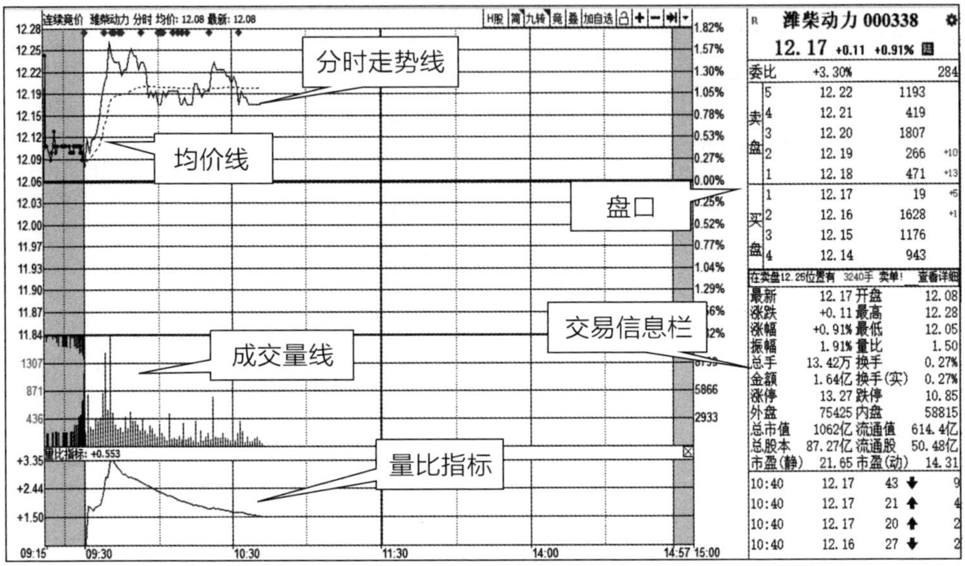

潍柴动力（000338）分时走势图

从上图可以看出，潍柴动力在2023年6月15日的分时走势图中，两条走势线分别为股价分时走势线和均价线。分时走势线代表了股票价格的实际走势，反映的实时的股价运行路线，在一般的股票行情软件中用白线表示。均价线代表的是从开盘到当时的加权股价平均价格，在行情软件中一般用黄线表示。

右侧盘口显示的是，当前时段五档买盘和卖盘的挂单数据。下面的交易信息栏则给出了与股票有关的成交数据。

分时图下方的指标平台可切换相关的分析指标，同花顺系统默认给出的是量比指标。投资者可用这些技术指标来辅助判断股价的运行态势。

无论是盘面分时线走势情况，还是盘口数据的变动，都可能有深层次的交易含义。投资者需要对这些盘面以及盘口数据信息有所熟悉和了解，以便于在实战中“有的放矢”。

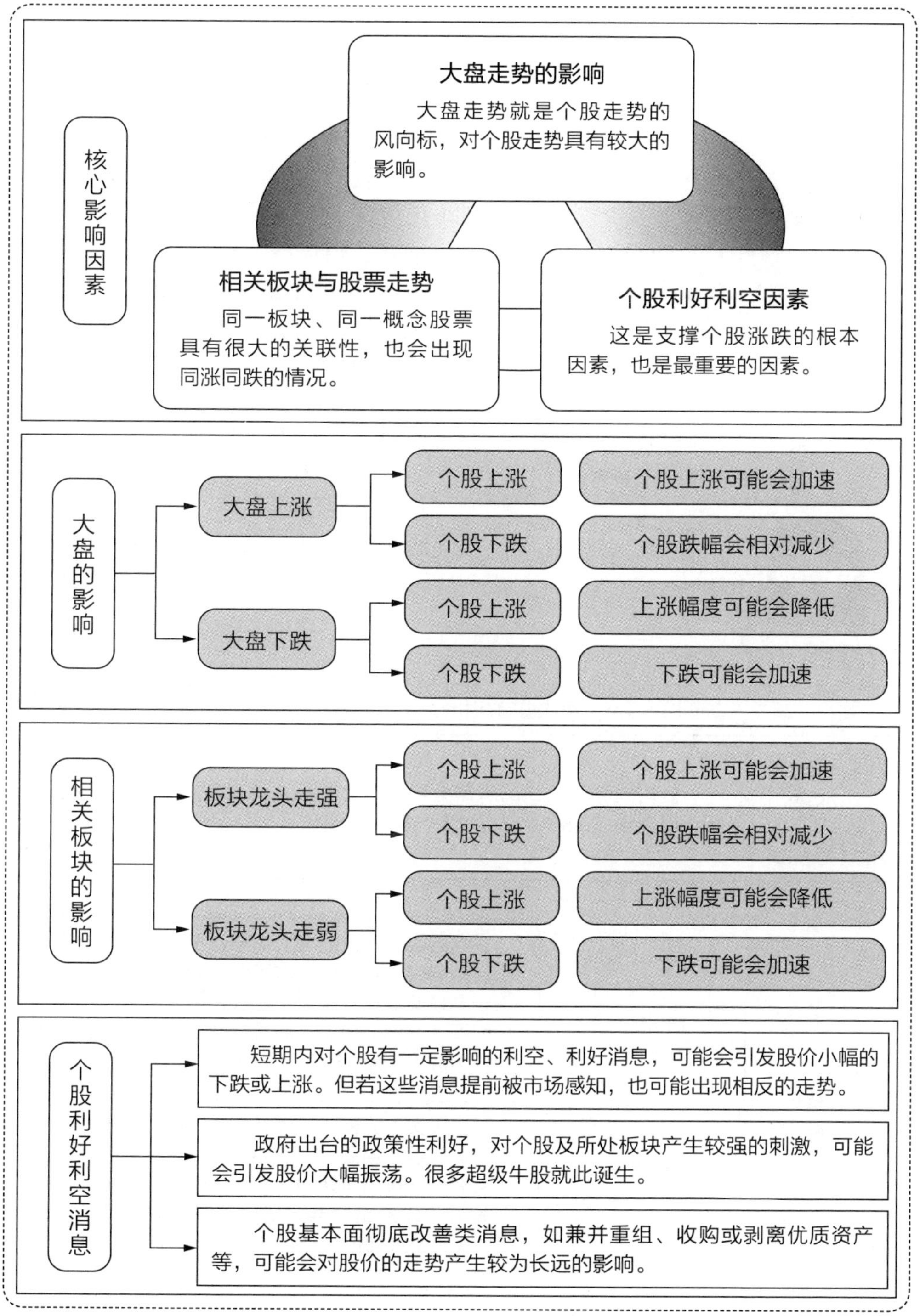
核心影响因素
大盘走势的影响
大盘走势就是个股走势的风向标，对个股走势具有较大的影响。
相关板块与股票走势
同一板块、同一概念股票具有很大的关联性，也会出现同涨同跌的情况。
个股利好利空因素
这是支撑个股涨跌的根本因素，也是最重要的因素。
大盘的影响
大盘上涨
个股上涨
个股上涨可能会加速
个股下跌
个股跌幅会相对减少
大盘下跌
个股上涨
上涨幅度可能会降低
个股下跌
下跌可能会加速
相关板块的影响
板块龙头走强
个股上涨
个股上涨可能会加速
个股下跌
个股跌幅会相对减少
板块龙头走弱
个股上涨
上涨幅度可能会降低
个股下跌
下跌可能会加速
个股利好利空消息
短期内对个股有一定影响的利空、利好消息，可能会引发股价小幅的下跌或上涨。但若这些消息提前被市场感知，也可能出现相反的走势。
政府出台的政策性利好，对个股及所处板块产生较强的刺激，可能会引发股价大幅振荡。很多超级牛股就此诞生。
个股基本面彻底改善类消息，如兼并重组、收购或剥离优质资产等，可能会对股价的走势产生较为长远的影响。

六、个股分时线、均价线与量线

工具概述

分时线与均价线之间的位置关系，对股价未来走势具有一定的影响，而量线的伸缩则是对股价未来走势判断的一种确认。

工具解读

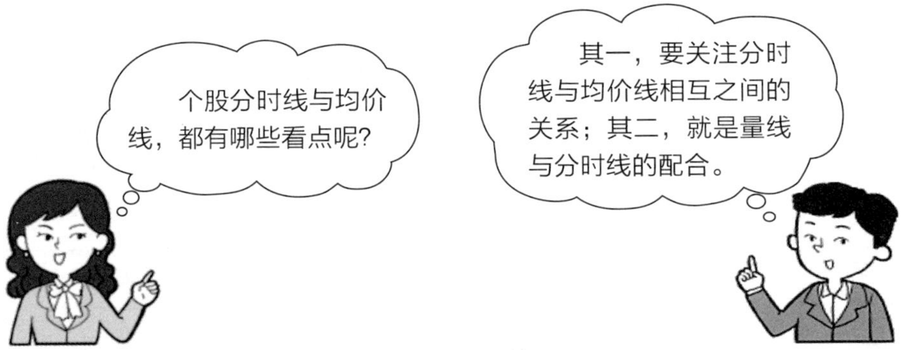

分时线与均价线位置关系	
分时线与均价线位置关系	分时线与均价线历来是看盘的核心看点。两者之间的相对位置关系，以及量线的伸缩都是投资者研判的重点。

分时线对均价线的突破		
分时线对均价线的突破	分时线在上，均价线在下	当天买入的投资者大部分处于赢利状态，股价走势较强。当股价每次下跌到均价线位置时，有一些投资者认为是一个比较合适的买点，于是纷纷买入股票，所以，股价就会止跌向上，从而形成均价线对股价的支撑作用。
	分时线在下，均价线在上	当天买入的投资者大部分处于亏损状态，股价走势较弱。当股价上涨到均价线附近位置时，就会有一些投资者认为此时是一个较好的卖点，于是，纷纷卖出股票，所以，股价就会反转向下，从而形成均价线对股价的阻力作用。

分时线对均价线的突破

分时线对均价线的突破	分时线对均价线的突破，意味着两者之间原有的位置关系被互换，这也意味着股价走势强弱发生了逆转，同时辅之以成交量线，更能印证这种突破的有效性与真实性。

分时线突破均价线

- 向上突破：均价线处于放平或向右上方倾斜态势，这说明股价整体走势并不太差。分时线向上突破均价线时，若成交量线同步拉长，则说明成交量与股价配合良好，股价继续上攻的可能性较大。
- 向下突破：均价线若出现放平或向右下方倾斜态势，这说明股价整体走势开始变弱。分时线向下跌破均价线时，并不需要成交量放大相配合，不过，若成交量同步放大，则可增强股价下跌信号的准确性。若个股前期跌幅较大，还要注意防范主力诱空的可能。

均价线对分时线的支撑与阻力

均价线对分时线的支撑与阻力	均价线本身就是一条当日投资者的持仓成本线。当分时线运行其上方时，大部分投资者处于盈利态势，但分时线回调时，很多场外投资者会将其看成较佳的入场时机，从而入场推动分时线上攻，这就是均价线对分时线的支撑。反之，若分时线运行于均价线下方时，很多投资者都处于亏损态势。当分时线反弹至均价线附近时，很多投资者就会将其看成离场时机，卖盘涌出，直接推动了分时线的下行。

均价线对分时线的支撑与阻力

- 支撑作用：分时线运行于均价线上方，说明股价走势较强。此后，分时线上行后出现回落，且回落至均价线附近时，因受均价线支撑而再度上涨，则说明均价线对分时线的支撑有效。若股价回调时成交量线同步萎缩，股价受支撑重新上攻时，成交量线同步拉长，股价未来上涨概率更大。
- 阻力作用：分时线运行于均价线下方，说明股价走势较弱。此后，分时线下跌一段时间后出现反弹，且反弹至均价线附近时，因受均价线阻力而再度下跌，则说明均价线对分时线的阻力有效。股价反弹时，成交量若没有明显的放大态势，则分时线突破均价线的概率相对较小。

案例分析

下图所示为招商银行（600036）2023年6月15日的股价分时走势图。从图中可以看出，该股股价在早盘经过一波冲高后迅速回落。分时线很快跌破了均价线。此后，分时线曾试图重新向上突破均价线，但因均价线的阻力，并未成功。

此后，整个上午时段，分时线全部运行于均价线下方，说明股价走势较弱。下午时段，受大盘向好影响，分时线开始直接向上攻击，成交量线同步拉升，这是一种较佳的量价配合形态。此后，分时线顺利突破了均价线，这意味着均价线对股价的阻力作用将转为支撑作用。

此后，股价分时线又出现了回调，但其回调至均价线附近时，因受均价线支撑而重新振荡上行。

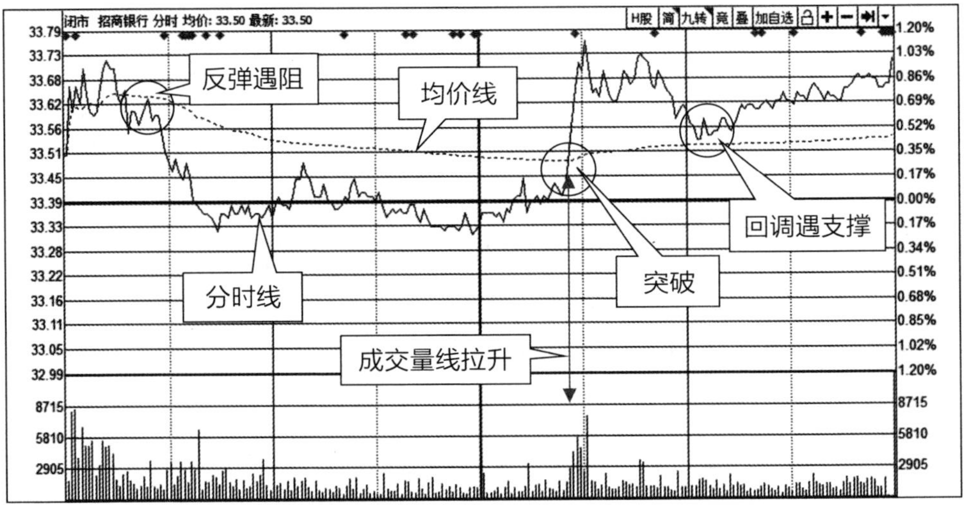

招商银行（600036）分时走势图

七、个股盘口

工具概述

盘口，就是多空双方交战的前沿阵地。多空双方的买入与卖出信息都是通过盘口的变化传递给投资者的。投资者看盘口不仅要关注买单与卖单的变化，更要注意买单与卖单背后的信息。

工具解读

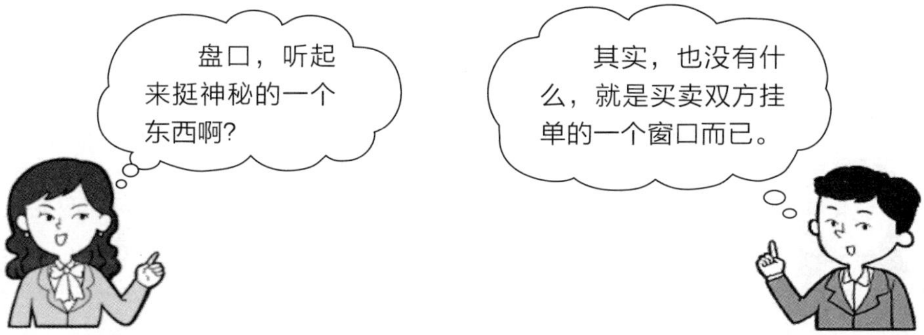

盘口挂单基础解读

R 五粮液 000858

182.00 +4.32 +2.43% 陆

委比		-42.12%	-375
卖盘	5	182.04	5
	4	182.03	51
	3	182.02	64
	2	182.01	58
	1	182.00	455
买盘	1	181.99	10
	2	181.98	28
	3	181.97	134
	4	181.96	55

盘口，在股市中指的是买入与卖出的委托挂单情况和交易情况。左图为一般投资者能够看到的盘口，主要是行情软件中提供的买卖盘各五挡的数据。

股市中就是庄家与投资者的博弈，一方获胜必定以另一方的亏损为前提。对于庄家来说，每一次挂单都有一定的含义，或者为了迷惑投资者，或者为了打压股价等。投资者通过对各种挂单情况的研判，才能发现庄家挂单背后的真正意图。

- 盘口挂单
  - 卖盘挂大卖单
    - 股价处于低位，盘中虽然有大卖单，但买盘依旧非常活跃，说明庄家正在吃货。
    - 股票开始拉升时，上方立刻出现大卖单，有时甚至是先出现大卖单而后出现上涨，说明庄家吸筹不足，或者不想发动上攻。
    - 股票持续下跌，上方不断出现大卖单，这说明主力在刻意打压股价，逼迫散户放弃手中的筹码。
  - 买盘挂大买单
    - 股票横盘或下跌时，下方频繁出现大买单，这说明主力在有意护盘，阻止股价继续下行。
    - 股票上涨时，下方频繁出现大买单，这说明主力在吸引买盘入场，存在借势拉升或出货的可能。

案例分析

当“买三”或“买四”挡出现大买单时，突然出现的大卖单将其打掉。正当投资者认为股价可能会向下跌时，在“买三”的位置再次出现大买单，随之而来的大卖单将其再次打掉，如此反复。

盘口异动原因解析	
细节可做如下梳理。 第一，在卖出盘口挂出的单子都很小。 第二，大买单是先出现在买盘上的。 第三，大卖单只是一到两笔就把买单打掉了。 第四，此类现象反复出现。	可做如下分析。 第一，买卖盘口挂单很小，说明市场交易非常冷清，所以，市场上的大买单应该是庄家自己设下的。 第二，庄家将买单设在“买三”的目的是，希望投资者能够将单子挂在“买一”或“买二”的位置。庄家在“买三”位置设置大买单，能够达到两个效果：一是告诉投资者该股有大的承接盘，可以放心买入；二是告诉投资者“买三”位置有大买盘，所以，你再将买单放在“买三”位置是不可能成交的，必须放到“买一”或“买二”的位置才能成交。 第三，大买单的频繁出现，说明大卖单就是庄家自己的，因为，如果是别人的大卖单，庄家不会一个接一个地设置大买单。

庄家是希望投资者能够将买单挂在“买一”“买二”的位置，以承接庄家的大卖单。当“买一”“买二”挂单数量达到一定程度时，投资者的大卖单就会出现，将买单的单子全部打掉，这时，庄家就完成了一次减仓操作，如此多次反复，庄家就会达到一定的减仓目的。

第二节　K线及K线形态

工具概述

K 线，是证券市场技术分析领域最基础、最重要的工具之一。K 线由于其图形貌似一根根蜡烛，所以也被称为蜡烛图。

工具解读

K线形态解读	K 线是柱状的线条，由影线和实体组成，它能够把某一周期内的开盘价、最高价、最低价和收盘价，这4个价格的市场情况直观地表现出来。K线上影线的顶端代表这一交易周期的最高价，下影线的末端代表这一交易周期的最低价。实体的上下两端分别代表这一交易周期的开盘价和收盘价。

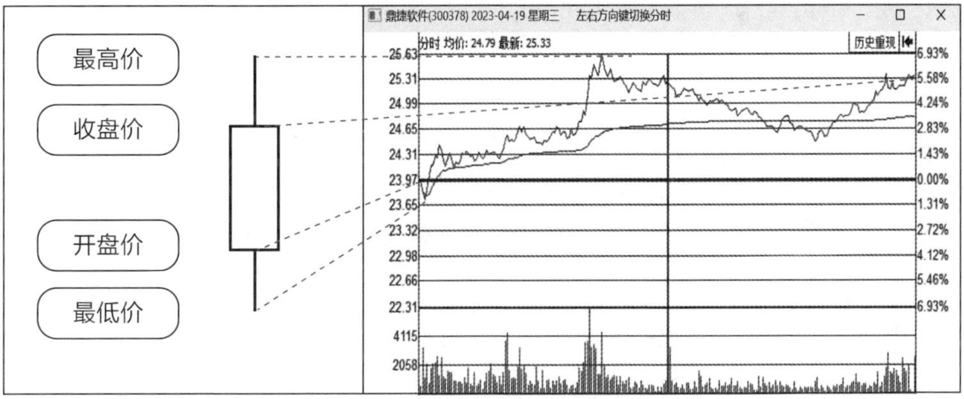

鼎捷软件（300378）K线图

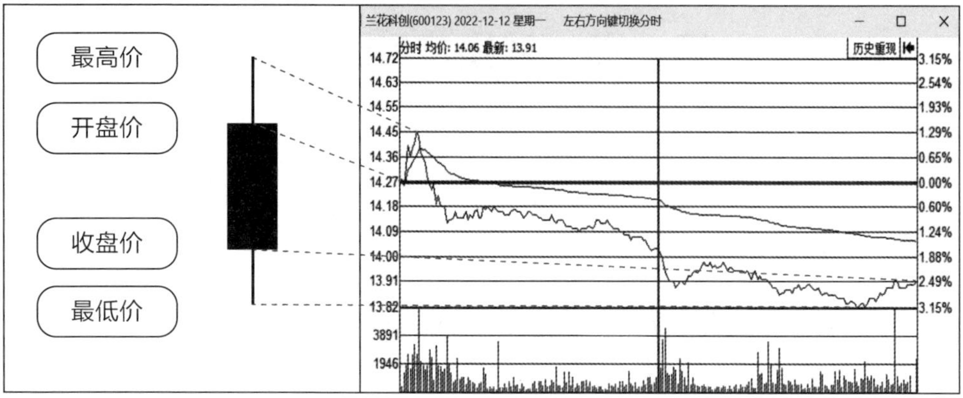

兰花科创（600123）K线图

一、阳线及变形

工具概述

阳线是某一交易周期内的收盘价高于开盘价的 K 线。阳线实体的上端表示收盘价，下端表示开盘价，实体的长短代表收盘价相对于开盘价的涨幅大小。

工具解读

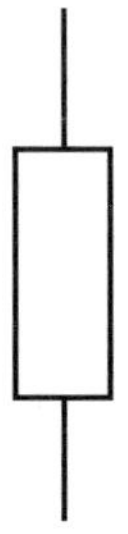

阳线基本交易含义如下。

第一，通常表示为红色实体柱、白色实体柱或黑框空心，本书采用的是黑框空心形态。

第二，收盘价高于开盘价，股价表现为上涨趋势，实体的长度代表收盘价与开盘价之间的价差。

第三，上影线的长度表示最高价和收盘价之间的价差，下影线的长度则代表开盘价和最低价之间的差距。

第四，一般而言，阳线表示买盘较强，卖盘较弱。

大阳线及交易含义

大阳线，又称长阳线，是指收盘价与开盘价之间的波动范围一般在6%以上的阳线。这种阳线的实体较长，只有很短的影线或者没有影线。个别波动幅度较小或较大的股票，可将大阳线的判断标准进行适当的调整。

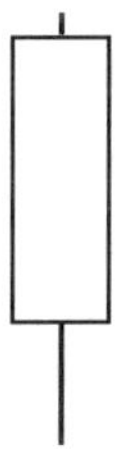

大阳线可能出现在任何行情中，它的出现一般表示买盘强劲，多方始终占据着优势。其实体越长，表明买盘力量越强。大阳线交易含义有以下几点。

第一，在股价刚开始上涨时出现大阳线，表示多方已经完全占据压倒性优势，行情有继续上涨的趋势，投资者应该果断买进。

第二，在股价上涨途中出现大阳线，表示多方仍占据主动，后市继续看涨，投资者可以继续跟进。

第三，在高价位区域或连续上涨行情中出现大阳线，则要当心多方后劲不足，股价见顶回落，这时候投资者宜逢高减仓卖出。

第四，在低价位区域或连续下跌行情中出现低开高走或者平开高走大阳线，表示多方力量突然爆发，股价或已到达底部，这时候投资者可考虑买进。

中阳线及交易含义

中阳线，是指收盘价与开盘价之间的波动范围在3%～6%之间的阳线。这种阳线的实体比大阳线要短一些。中阳线在任何行情中都可能出现。它的出现一般表示经过一天的战斗之后多方占据了优势，但优势不如大阳线明显。中阳线的实体长度也反映了买盘力量的强弱，实体越长表示多方越强。

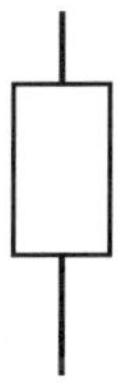

中阳线是指经过多空双方的力量对比，多方占据了一定优势，并把价格推高到了一定的程度。中阳线交易含义有以下两点。

第一，由于中阳线透露的信号不足，所以，投资者不能仅仅凭借单根中阳线来判断股价以后的走势，而应该审时度势，结合近几个交易日的K线来分析和判断。

第二，如果股价或大盘收于中阳线，并成功突破了大家公认的阻力位，这时投资者可以考虑买入。

小阳线及交易含义

小阳线，是指收盘价与开盘价之间的波动范围在0～3%之间的阳线。这种阳线的实体非常短，小阳线可能会出现在任何行情中，特别是在盘整过程中会经常出现。这种阳线显示了多空双方的小型对抗——虽有空方抛压，但多方仍有一定的支撑力。

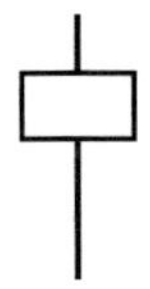

小阳线的出现说明多空双方并没有什么激烈的战斗，而是小心接触，虽然买盘显得略强于卖盘，但上攻乏力，同时也表明后市行情扑朔迷离。

第一，只通过单根小阳线，投资者无法准确判断后市的涨跌，而需要结合其所处的价位区域以及前后的K线形态一起研判。

第二，因为小阳线很容易被广大的投资者所忽视，所以它在庄家的运作中具有特别的意义。庄家会通过它制造某种假象，掩盖自己的真实目的。

案例分析

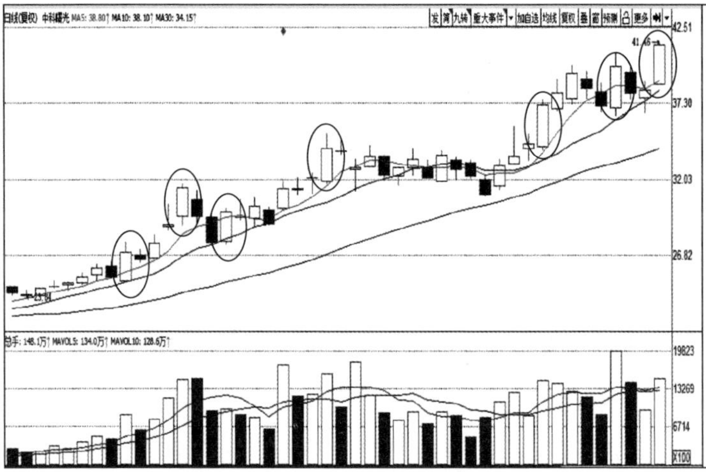

左图所示为中科曙光2023年1月底到4月初的K线走势情况。从图中K线走势可以看出，该股股价在这一阶段以振荡上扬为主，其间多次拉出大阳线（图中圆圈处），中阳线和小阳线也比较多，正是这些阳线一起推动了股价的上涨。

二、阴线及变形

工具概述

阴线是某一交易周期内的收盘价低于开盘价的 K 线。阴线实体的上端表示开盘价，下端表示收盘价，实体的长短代表收盘价相对于开盘价的跌幅大小。

工具解读

阴线基本交易含义有以下几点。

第一，通常表示为绿色实体柱、蓝色实体柱或黑色实体柱，本书采用的是黑色实体柱形态。

第二，收盘价低于开盘价，股价表现为下跌趋势，实体的长度代表开盘价与收盘价之间的价差。

第三，上影线的长度表示最高价和开盘价之间的价差，下影线的长度则代表收盘价和最低价之间的差距。

第四，一般而言，阴线表示卖盘较强，买盘较弱。

大阴线及交易含义

大阴线，又称长阴线，是指收盘价与开盘价之间的波动范围在6%以上的阴线。这种阴线的实体较长，只有很短的影线或者没有影线。个别波动幅度较小或较大的股票，可将大阴线的判断标准进行适当的调整。

大阴线可能出现在任何行情中。它的出现一般表示卖盘发挥了最大力量，空方始终占据着优势，后市看跌。大阴线的实体越长，表明卖盘力量越强。大阴线交易含义有以下几点。

第一，在股价下跌途中出现大阴线，表示空方力量继续占据主动，后市仍然有下跌趋势，这时被套的投资者最好斩仓卖出。

第二，在盘整之后，出现大阴线，表示大多数投资者看淡后市，此时投资者应以持币观望为佳。

第三，在高价区或连续上涨行情中出现大阴线，表示卖盘突然发力，空方完全压倒多方，是见顶信号，投资者应当考虑卖出。

第四，在低价区或连续加速下跌行情中出现大阴线，而市场上的卖盘并不多，则可能是空方在释放最后的力量或是主力在洗盘吸筹，这时投资者应以观望为主，不要盲目抛售股票，也不要强势介入。

中阴线及交易含义

中阴线，是指开盘价与收盘价之间的波动范围在3%～6%之间的阴线。这种阴线的实体比大阴线要短一些。中阴线在任何行情中都可能出现。它的出现一般表示经过一天的战斗之后，空方占据了优势，但优势不如大阳线明显。中阴线的实体长度反映了卖盘力量的强度，实体越大代表空方越强。

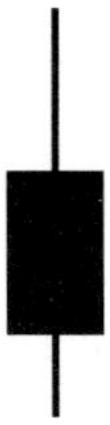

中阴线表示经过多空双方的力量对比，空方占据了一定优势，从而造成股价一定程度的下跌。中阴线通常是看跌形态，它和中阳线一样，也非常有可能成为股市的转折点。

第一，中阴线能够透露的信号并不强，因此投资者不能把单根中阴线作为判断后市的依据。

第二，如果股价或大盘收于中阴线，并跌破了大家公认的支撑位，这时投资者应该保持警惕，必要时可考虑减持或空仓。

小阴线及交易含义

小阴线，是指开盘价与收盘价之间的波动范围在0～3%之间的阴线。这种阴线的实体非常短。小阴线在盘整的过程中经常会出现，也可能出现在上涨或下跌的行情中。这种阴线显示了多空双方在小心接触，多方尽管有支撑，但空方略胜一筹。

小阴线的出现说明行情处于混乱不明的状态，多空双方并没有什么激烈的战斗，而是相互试探，在此过程中空方略占上风。

第一，通过单根小阴线，是无法准确判断后市涨跌的。投资者需要根据其所处的价位区域以及前期的K线组合进行分析和判断。

第二，小阴线具有一定的欺骗性，会让缺乏警觉的投资者不以为然。庄家在控盘过程中会故意收出多根小阴线，用以悄然出货。

案例分析

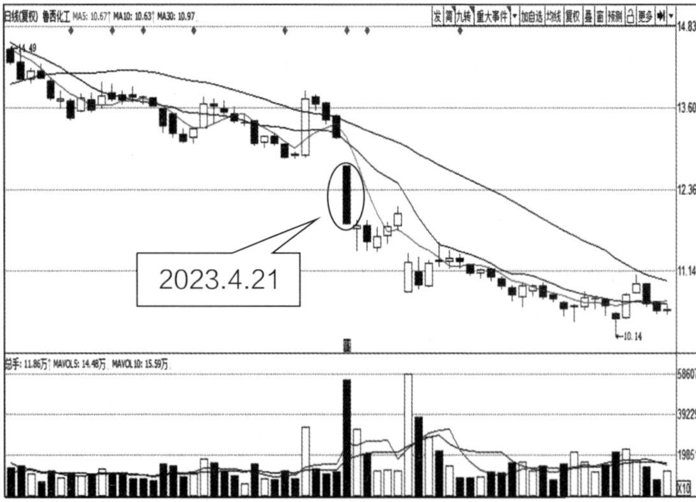

左图所示为鲁西化工2023年3月底到6月初的K线走势情况。从图中K线走势可以看出，该股股价在这一阶段以振荡下跌为主，其间多次收出小阴线和中阴线。4月21日，该股股价更是收出一根跌停大阴线。这说明该股走势为弱势。

三、K线看涨组合

工具概述

每根 K 线的形成，都是多空双方激烈交锋的结果。因此，一些典型的 K 线，尤其是 K 线组合的出现，往往意味着多方在与空方的竞争中占据了优势地位，未来股价上涨的概率很大。这些 K 线组合就有了看涨的交易指示含义。

工具解读

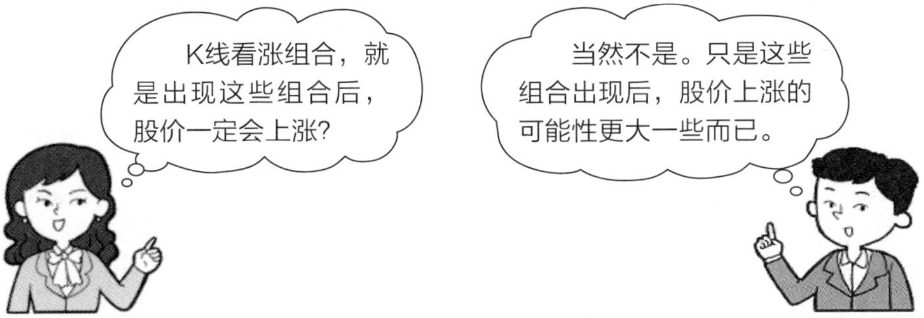

看涨组合基本模式

- **阳线引领上涨**：阳线要么终结了之前的调整，要么延续了之前的上涨（初期），比如多方炮、曙光初现、红三兵等。
- **星线结束调整**：中到大阳线出现后，市场经历了小幅的横向调整，股价并未出现回落，比如上涨两颗星等形态。
- **小实体K线终结下跌**：市场经过大幅下跌，空方实力不足，小实体K线有筑底迹象，如下跌尽头线、阴孕阳等。

形态解读	在看涨形态三种基本模式中，分别代表了延续上涨动能模式、上行调整后继续上升模式以及下跌中止反向上升模式。在这三种模式中，延续上涨动能模式所涵盖的K线组合最多，实质上也是看涨信号最强烈的一种模式。毕竟市场延续先前上行的惯性是最容易的。当然，这种模式出现的位置也是投资者需要注意的，一旦股价进入顶部区域，出现这类形态，也存在股价即将触顶反转的可能。

案例分析

下面以上升三法形态为例来介绍 K 线看涨形态。上升三法形态属于典型的阳线终结调整引领上涨模式的看涨形态。

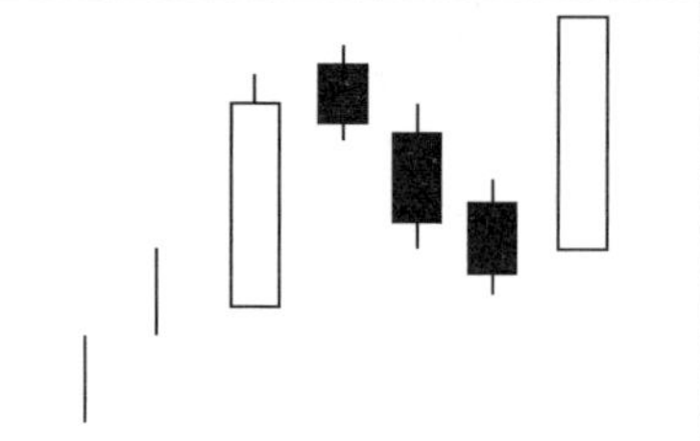

上升三法，又称升势三鸦、上升三部曲，通常出现在上涨行情中，由两阳三阴5根K线组成。先是收出一根大阳线或中阳线，然后连续出现三根小阴线（其中可能有十字线），但这三根小阴线都没有跌破前面那根阳线的最低价，最后又拉出一根大阳线或中阳线。

交易含义

上升三法是股价上升过程中的短暂休息，暗示行情在稍做调整后会继续上行，因而是一种持续形态。

第一，上升三法表示多方没有失去主导地位，依然保持着强势，因而看涨信号强。投资者看到这种形态后可以继续持股观望，如仍持有现金可进行追涨操作。

第二，当在上升过程中出现三根连续的小阴线（黑三兵），投资者切勿将其当作转势信号而卖出股票，这样可能会错过之后的上涨行情。

第三，最后一根阳线的实体越长，表明后市上涨的力度将越大。

第四，如果出现阳线时的成交量明显放大，而出现阴线时的成交量出现萎缩，则看涨信号的可靠性越高。

第五，如果三根小阴线击穿了第一根阳线的最低价，或者最后一根阳线不能突破第一根阳线的收盘价，则上升三法形态不能成立。

第六，参照上升三法买入股票的投资者，应将止损位设在该形态第一根阳线的开盘价上。

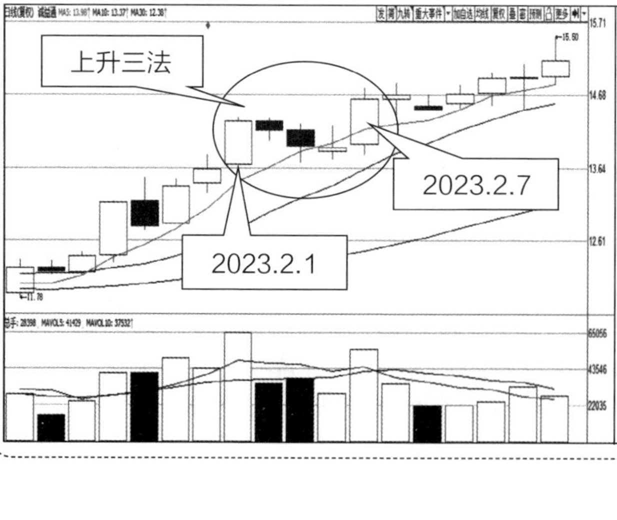

诚益通从2023年1月中旬开始了稳步上升行情。2023年2月1日～7日，处于上涨途中的该股形成了两阳夹三星线的形态。

这5个交易日所形成的K线组合便是上升三法。这表明股价将在短期内继续上涨。投资者看到此形态完成后，不但应继续持股，还可在次日逢低买入。

四、K线看跌组合

工具概述

与K线看涨组合相反，一些典型的K线，尤其是K线组合的出现，往往意味着空方在与多方的竞争中占据了优势地位，未来股价下跌的概率很大。这些K线组合就有了看跌的交易指示含义。

工具解读

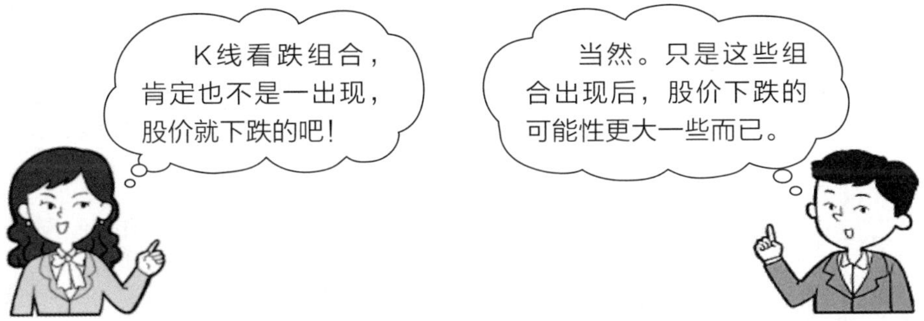

看跌组合基本模式	模式	说明
看跌组合基本模式	阴线引领下跌	阴线要么终结之前的调整，要么延续之前的下跌（初期），比如空方炮、乌云盖顶、黑三卒等。
	星线结束调整	中到大阴线出现后，市场经历了小幅的横向调整，股价并未出现反弹，比如下跌两颗星等形态。
	小实体K线终结上涨	市场经过大幅上涨，多方实力不足，小实体K线有筑顶迹象，如上涨尽头线、阳孕阴等。

形态解读	与看涨形态相似，在看跌形态三种基本模式中，分别代表了延续下跌动能模式、下跌调整后继续下跌模式以及上涨中止反向下跌模式。在这三种模式中，延续下跌动能模式所涵盖的K线组合最多，实质上也是看跌信号最强烈的一种模式。毕竟市场延续先前下跌的惯性是最容易的。当然，这种模式出现的位置也是投资者需要注意的，一旦股价进入底部区域，再出现这类形态，也存在股价即将触底反转的可能。

案例分析

下面以空方炮形态为例来介绍 K 线看跌形态。空方炮形态属于典型的阴线终结调整引领下跌模式的看跌形态。

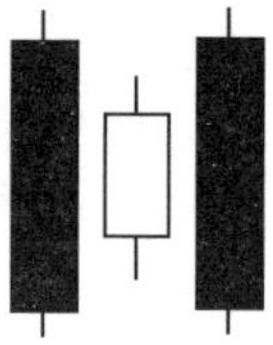

空方炮，又称两阴夹一阳、两黑夹一红，根据后面的两种称呼可以知道，这种形态是由两根实体较大的阴线和一根实体较小的阳线组成的，三者的中轴基本处于同一位置上，阳线被左右两根阴线紧紧地夹在中间，且其实体部分几乎被两根阴线的实体完全覆盖。

交易含义

空方炮形态并不表示空方占据优势，一直压制着多方，股价必然连连下跌。它的出现还需要根据具体的位置来进行研判，空方炮也有哑火的时候。

第一，空方炮常出现在庄家出货的过程中。只要不是在低价位区域或大幅度下跌之后，就有强烈的看跌意义，投资者应降低仓位或清空仓位，以免被套牢。

第二，在上涨行情中出现空方炮形态，表示空方开始向多方开炮，走势应在多空双方的激战后发生变化，股价可能停止上升的脚步或见顶回落。

第三，在下跌初期或下跌途中出现空方炮形态，是中继信号，股价经过短暂休整后可能会继续下跌。

第四，在低价位区域或股价已经大幅下跌之后出现空方炮形态，投资者不宜再割肉止损，因为这种空方炮有可能是庄家为了吸筹而设的空头陷阱。

第五，当空方炮的三根K线呈现下跌趋势时，看跌信号更明显。阴线的开盘价越低，阳线的实体越小，空方炮看跌的可靠性越强。与多方炮不同的是，成交量对于空方炮的信号强度影响并不大。

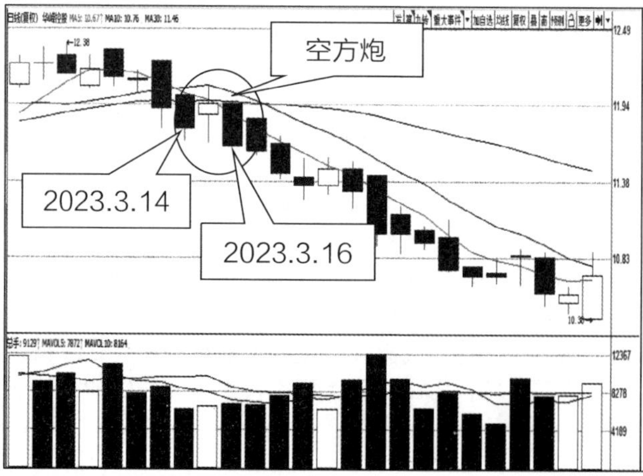

华嵘控股从2023年3月初开始进入调整走势。2023年3月14日～16日，处于回调途中的该股形成了两阴夹一阳形态。

这三个交易日所形成的K线组合便是空方炮。这表明股价将在短期内继续下跌。投资者看到此形态完成后，应立即清空手中的仓位。

五、K线反转组合

工具概述

K 线反转组合的出现，往往意味着空方在与多方的竞争中出现了势均力敌的局面。该形态出现后，意味着股价可能朝着与原来相反的方向运行。

工具解读

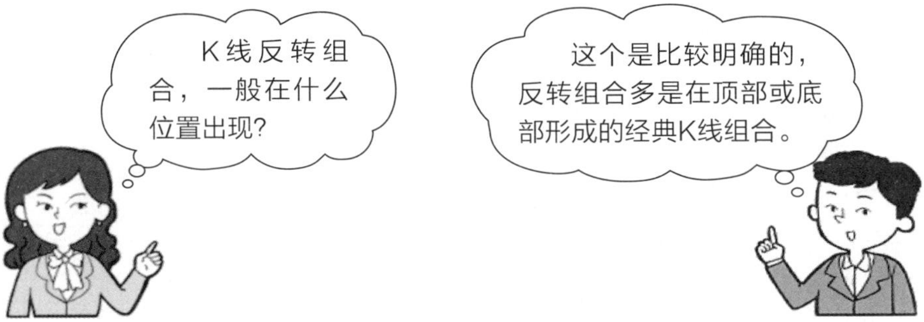

反转组合基本模式

- 底部反转组合：以中到大阳线的出现，并终结之前的下行趋势为主要特征，如早晨之星、旭日初升、曙光初现等。
- 顶部反转组合：以中到大阴线的出现，并终结之前的上行趋势为主要特征，如黄昏之星、乌云盖顶、三只乌鸦等。

形态解读	物极必反，盛极而衰。当股价沿着一种趋势运行一段时间后，原来占据优势地位的多方或空方就会出现动力耗尽的情况。此时，势力相对较弱的一方会伺机反扑。反转形态中，与原有运行方向相反的大实体K线的出现，其实就是多空力量对比完成逆转的一个标志。 当然，在实战过程中，这种反转有时在短时间内完成，有时则可能需要很长时间才完成。这也会使这类反转形态的表现有所不同。

案例分析

下面以早晨之星形态为例，来介绍 K 线反转形态。早晨之星形态属于典型的从空方主导到多方主导的反转形态。

早晨之星可以根据中间星线的变化衍生出不同的形态，如中间的星线可以是锤头线、倒锤头、螺旋桨、十字线、T字线、倒T字线等。

当星线是十字线时，其见底回升或见底反转的信号意义更为明显。如果该十字线与前后两根K线之间均出现缺口，反转信号更强烈。

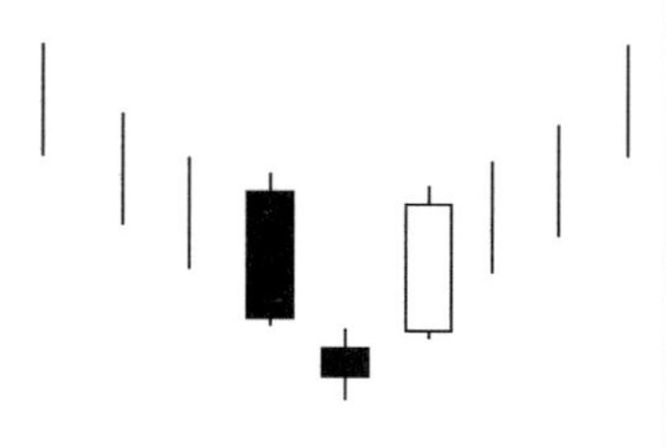

交易含义

早晨之星的出现表示多空双方的力量对比发生了转换，行情由空方主导转变成多方主导，后市看涨。

第一，早晨之星是常见的见底回升信号，其信号意义较为明显，因此，投资者一看到这种形态，就应该考虑买入。

第二，早晨之星出现，投资者买入的时机可以选择在早晨之星第三根阳线形成的当日，如果当日没有买入则可以选择次日建仓。

第三，中间的星线实体越小，其与第一根K线之间的跳空幅度越大，那么反转的可能性就越大。

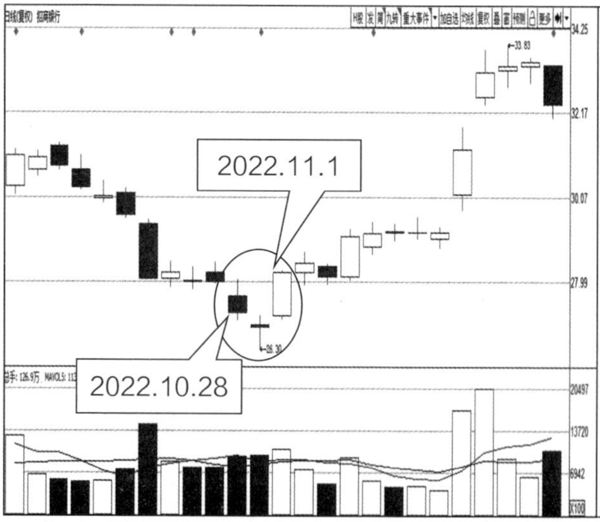

2022年10月28日，招商银行收出一根上影线较长的中阴线，表明上挡存在较大的抛压。

2022年10月31日，该股跳空低开，收出一根十字线，这表明多空双方处于胶着状态，后市情况不明。

2022年11月1日，该股跳空高开，收出一根大阳线，说明市场已经进入了多头状态。

这三根K线共同组成了早晨之星形态，这是后市看涨的征兆。

六、K线底部形态

工具概述

当一组 K 线在底部区域形成某些典型的底部形态后，往往意味着股价即将启动一波反弹走势。那么，这些 K 线在底部区域所形成的形态就被称为 K 线底部形态。

工具解读

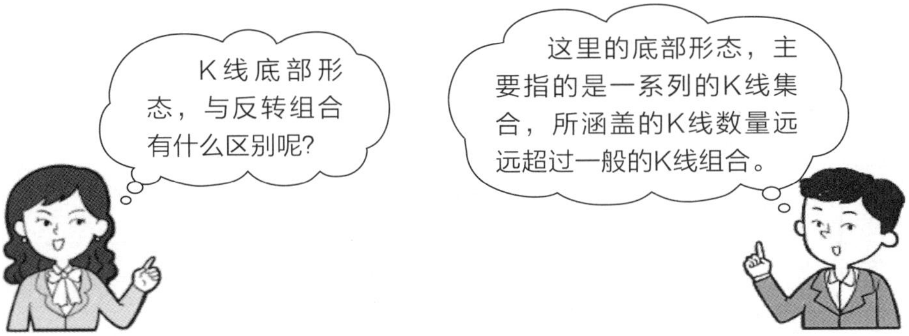

底部形态基本模式

- 单次筑底形态：股价触及底部后开始由下行趋势逐渐或快速进入上升趋势，如V形底、圆弧底等。
- 多次筑底形态：股价触及底部后，在转入上升趋势前经历了多次规模较大的反复振荡，如双重底、三重底、头肩底等。

形态解读

对于主力庄家来说，股价在底部振荡盘整时，就是逼散户交出廉价筹码的时刻。因此，主力庄家会结合外部环境的情况以及散户手中筹码的数量来决定股价在底部盘整的时间。

因此，当主力吸筹达到一定标准时，在外部环境向好的助推下就会结束筑底转入上攻区间，这时，K线就会形成典型的底部形态。

案例分析

下面以 V 形底形态为例来介绍底部形态。V 形底形态属于从空方主导到多方主导的反转形态，也是经典的底部形态。

V形底，又称尖底，由一系列在底部区域排列似V形的K线组成。通常情况下，股价进入底部区域后，先出现一波深度下跌走势，然后迅速反向上攻，并快速回升至下跌起始位置，从而在K线图上留下一个形似V形的形态。

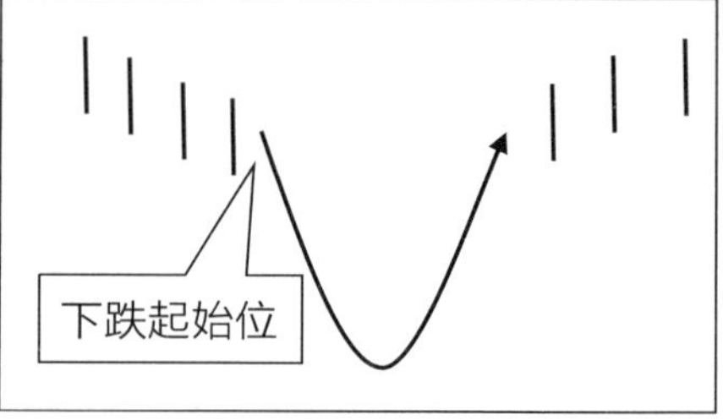

交易含义

V形底交易含义有以下几点。

第一，股价经过一段时间的下跌后走出V形底形态，说明股价下跌动能被充分释放，未来走高的可能性很大，投资者宜执行买入操作。

第二，V形底形态的底端就是该股的最佳止损位，一旦股价跌破此位置，投资者就应该执行止损操作。

第三，通常情况下，V形底形成过程中，股价下跌时，成交量会呈现萎缩态势。而当股价反向上攻时，成交量会同步放大。上攻时成交量越大，未来股价上攻的幅度和可能性也越大。

第四，V形底形态出现之前，若股价已经经历了一段较长时间的下跌，则V形底的反转意义更为明确。

第五，股价自V形底反向上攻至下跌起始位后，可能会遭到空方一定的打压，并在该位置持续整理振荡一段时间后再度上攻，并形成了V形底的扩展形态。

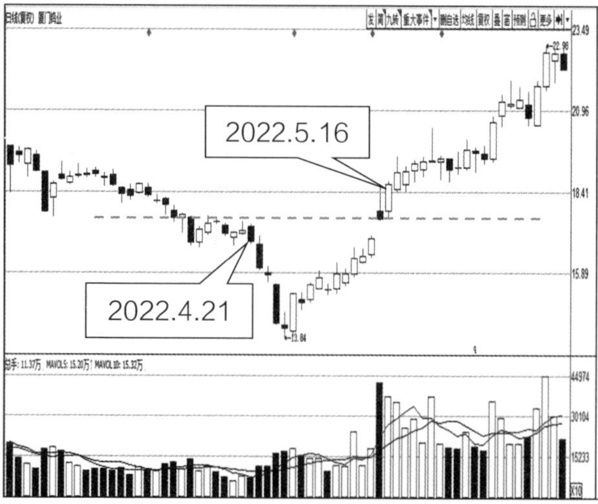

左图为厦门钨业K线图，可以看出股价从2021年9月中旬开始下跌，到2022年4月中旬进入了振荡整理阶段。2022年4月21日，该股收出一根阴线，多空双方的平衡被打破。股价开始快速下跌。到了4月底，该股结束下行，启动了一波上升行情，当股价上升至V形底下跌起始位附近时，5月16日，该股跳空上扬，突破下跌起始位。标志着V形底正式成立，该股反弹向上的概率很大，投资者宜积极买入该股。

七、K线顶部形态

工具概述

当一组 K 线在顶部区域形成某些典型的顶部形态后，往往意味着股价即将触顶反转，进入下行趋势。那么，这些 K 线在顶部区域所形成的形态就被称为 K 线顶部形态。

工具解读

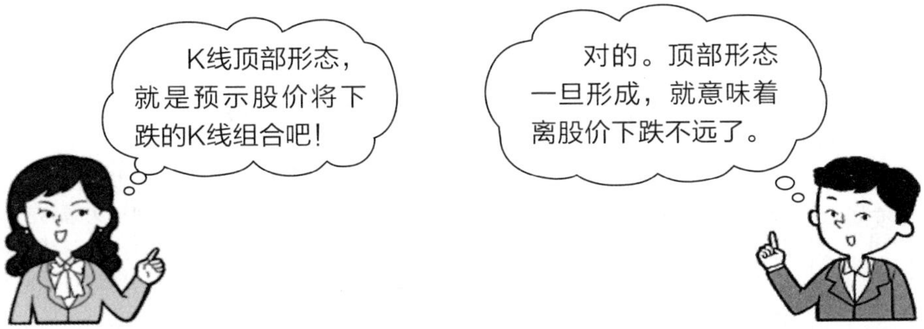

底部形态基本模式

- **单次筑底形态**：股价触及顶部后，开始由上行趋势逐渐或快速进入下降趋势，如倒V形顶、圆弧顶等。
- **多次筑底形态**：股价触及顶部后，在转入下降趋势前经历了多次规模较大的反复振荡，如双重顶、三重顶、头肩顶等。

形态解读	
形态解读	对于主力庄家来说，股价在顶部振荡盘整时，就是将庄家手中的筹码交给散户的一个过程。至于振荡时间，则与其出货的进度有关。在此期间，K线就会形成各类经典的顶部形态。 当然，这也会与外部环境有关，若市场环境向好，做多氛围较佳，出货也会变得非常容易。这也是越是牛市，越容易出现尖顶的原因。在牛市顶峰期间，市场从来不缺少跟风盘，主力出货非常容易。因此，股价也就很容易直接坍塌了。毕竟主力已经不需要为了继续出货而维持股价了。

案例分析

下面以双重顶形态为例来介绍顶部形态。双重顶形态属于从多方主导到空方主导的反转形态，也是经典的顶部形态。

双重顶，又称M形顶，出现在一段上涨行情的末尾，该形态有两个明显的价格高峰，且两个高峰的最高点大致处于同一价位上，形状就像是一个英文字母M。

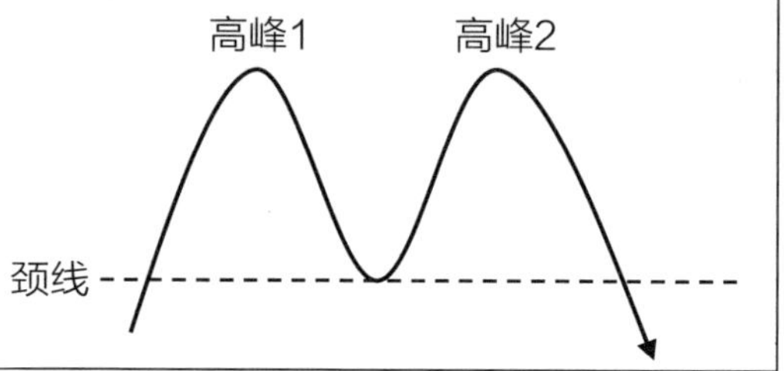

交易含义

双重顶是一种转势形态，预示着涨势将告一段落，行情将走入下跌通道。

第一，双重顶形态是较为可靠的看跌信号，看到此形态后应考虑卖出股票。

第二，双重顶形态尚未形成，一些有经验的投资者便会提前嗅出危险，并将手中的股票沽出。因此，如果出现第一个高峰之后，股价出现较大幅度的下跌，其后股价再度上升到前期顶点附近，但又无法突破前期顶点，同时成交量较前期有明显减少，则有形成双重顶的可能。这时投资者应先卖出部分股票，轻仓观望。

第三，双重顶第一个明确的卖出信号出现在股价突破颈线位置时，这表明双重顶基本形成，投资者应把握时机，尽快卖出股票。

第四，股价在跌破颈线后，颈线从支撑位变成了阻力位。之后股价可能会对颈线有一个回抽动作以测试突破的有效性。

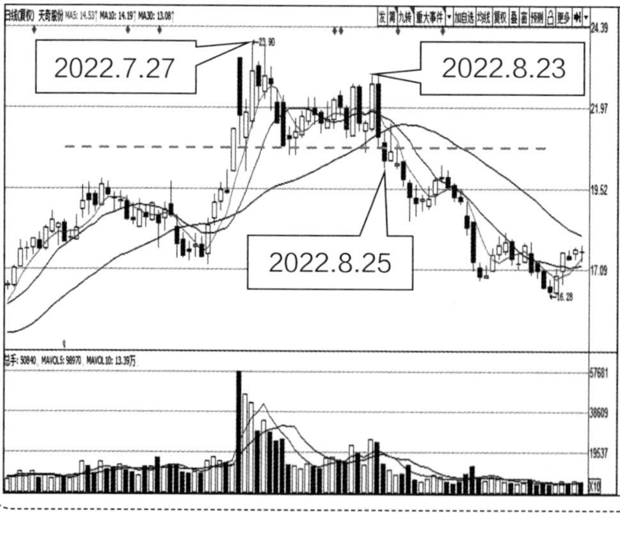

左图为天奇股份，从图中可以看出股价从2022年4月下旬开始振荡上升，到2022年7月中旬进入了顶部振荡整理阶段。2022年7月27日、8月23日，该股两度创出阶段高点后回调，且第二个高点低于第一个高点。形成了双重顶形态。2022年8月25日，该股股价跌破了双重顶的颈线位置。这标志着双重顶正式成立，该股下行的概率很大，投资者宜积极卖出该股。

第三节　成交量分析工具

工具概述

成交量是一种市场供需关系的量化表现，是指在单位时间内，所达成交易的总量。单独的交易量指标，其实意义并不大，但其与股价走势相结合的分析方法（量价分析），则是目前最常用的技术分析方法。

工具解读

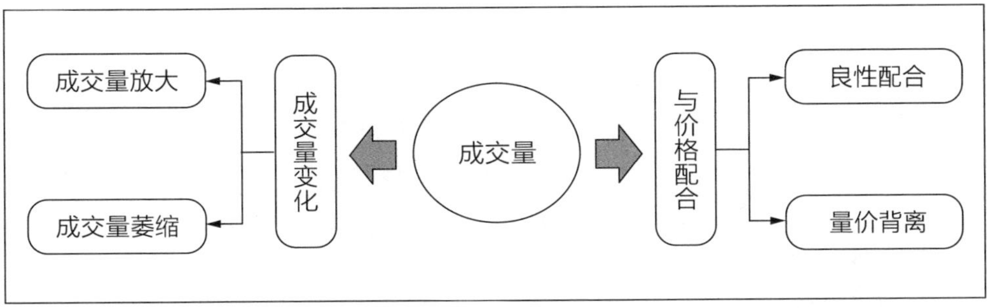

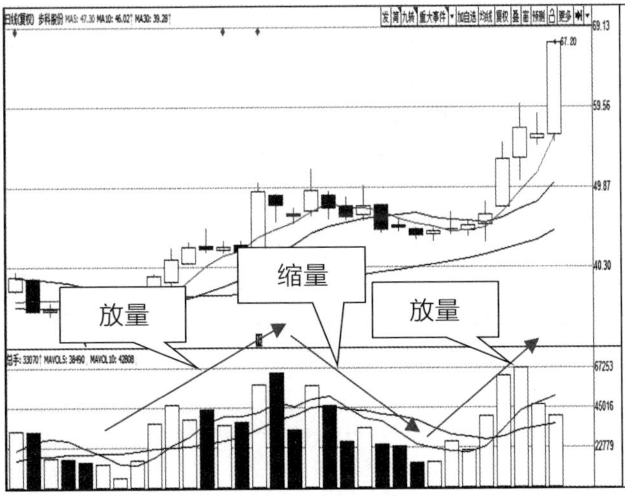

如左图所示，成交量的每次变化都有其深层次的原因。放量，意味着成交量活跃，多空双方对当前价格存在一定的分歧。缩量，意味着成交清淡，多空双方都偏向于股价会继续沿着当前趋势运行。通常情况下，股价上升阶段成交量同步放大属于较佳的形态，而股价出现回调或下跌，成交量萎缩也是一种正常现象。

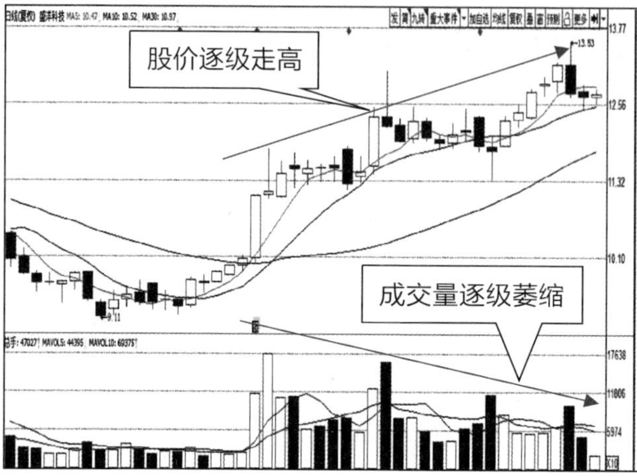

量价良性配合，是指股价上涨时，股价与成交量同步上升，即量价齐升。反之，就是量价齐跌。如左图所示，与量价良性配合相对的就是量价背离，即股价出现上涨时，成交量却反向萎缩，这是上涨无法长期持续的一个信号。反之，股价下跌时，成交量不再萎缩而是放大，也是一种不正常的状况。

一、放量与突破

工具概述

放量，本身就是一个相对的概念。因此，只有将成交量放在一段周期内进行横向或纵向对比，其分析和研判才是有价值的。若在股价形成突破时放量，则更可确认突破的有效性。

工具解读

成交量放大

- 放量到极致，意味着股价“天量”到来。
- 上升趋势中出现，比较良性的反应。
- 下跌初期出现，意味着有加速下行的可能。下跌尾声出现，则可能是最后一跌。

上升趋势中放量	如右图所示，在上涨初期或上涨途中出现量增价涨，说明市场上多方力量强劲。一般情况下，短期的量增价涨现象发出的是短期看涨信号，而长期的量增价涨现象发出的则是长期的看涨信号。	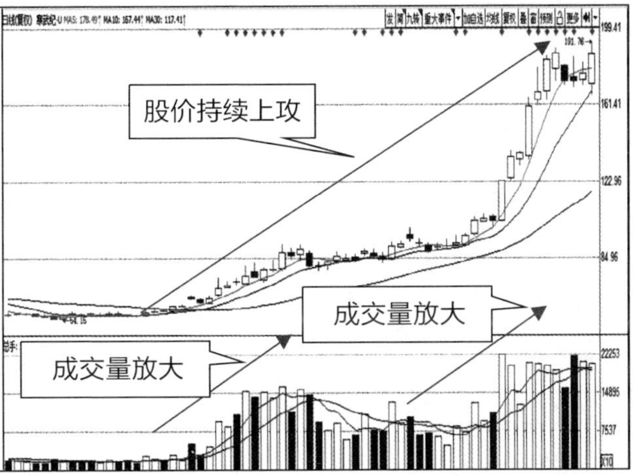
下跌趋势中放量	如右图所示，在下跌行情的初期或中期出现量增价跌，表示股价经过一段较大的上涨之后，已经处于高价位区域。市场上的获利筹码也越来越多，于是投资者纷纷抛出股票，获利了结，股价开始下跌。这是强烈的卖出信号。	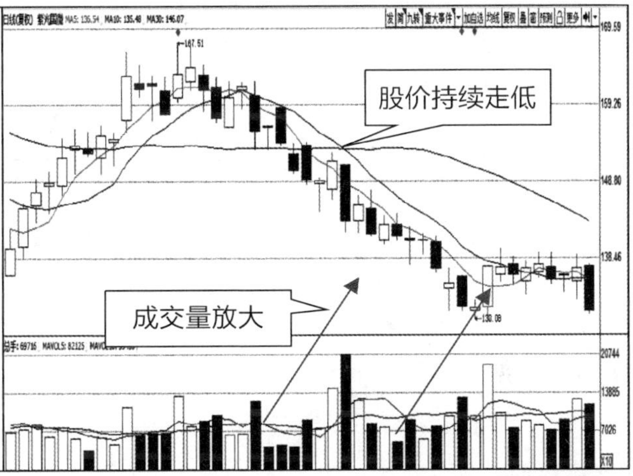
天量见天价	如右图所示，实战中所使用的“天量”更多的是“相对天量”的概念，即股票或大盘在某一交易日创下了某一较长时间内的成交量最高值。股价在放出天量的同时，如还创出了天价，那很有可能是庄家通过最后一冲完成最后的派发任务，股价走低的可能性非常大。	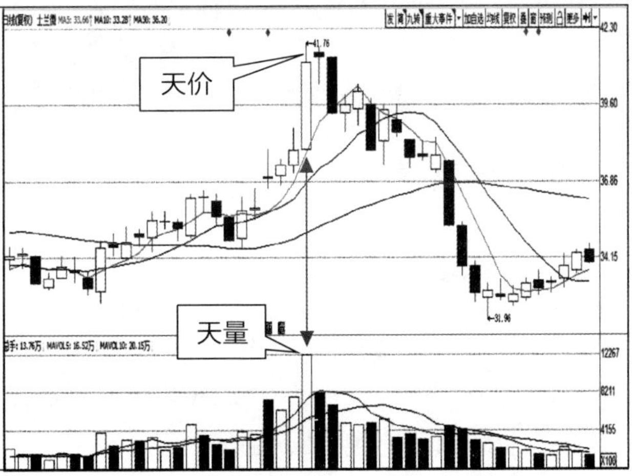

放量与突破形态

如右图所示，股价K线上升过程中，不可避免地会触及一些重要阻力位，如均线位、前期高点位等。这些阻力位往往会聚集大量的套牢盘对股价上行造成较大的压力。当股价突破这些阻力位时，成交量同步放大，则意味着主力有信心消化掉套牢盘，其突破有效性高，未来看涨。

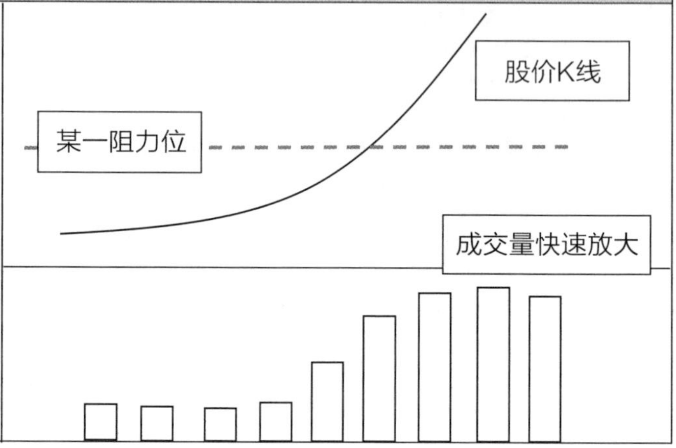

案例分析

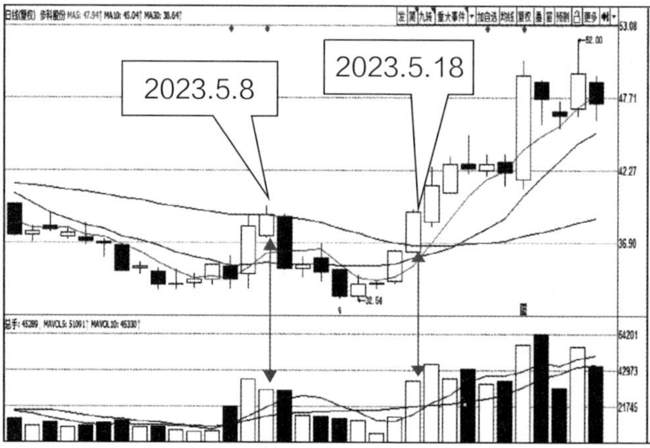

如左图所示，步科股份的股价在2023年5月初触及了30日均线，因受均线阻力而回落，其实，当日的成交量并未放大也是突破失败的一个关键因素。5月18日，该股股价再度冲击30日均线，并站在了30日均线上方，成交量同步出现放大，这意味着此次突破为有效突破，未来看涨。

二、缩量与支撑

工具概述

缩量，也是一个相对的概念。相对于之前的成交量有萎缩的情况，就可以认定为“缩量”。当股价出现调整时，成交量同步萎缩，那么，调整很可能很快结束，并重归上升通道。

工具解读

成交量萎缩

- 缩量到极致，意味着股价“地量”到来。
- 下跌趋势中出现，比较正常的反应。
- 上涨初期出现缩量，可能属于做多力量惜售造成的，未来继续看涨。上涨尾声出现缩量，则意味着股价存在背离，未来看跌。

上升趋势中缩量	如右图所示，股价上升启动前期，若成交量出现缩量状态，则说明主力控盘较高，散户卖出意愿不强，未来看涨。若股价往往已经处于高价位区间，此时，成交量却未能跟上，那么就在技术面上形成了量缩价涨的背离现象，未来看跌。	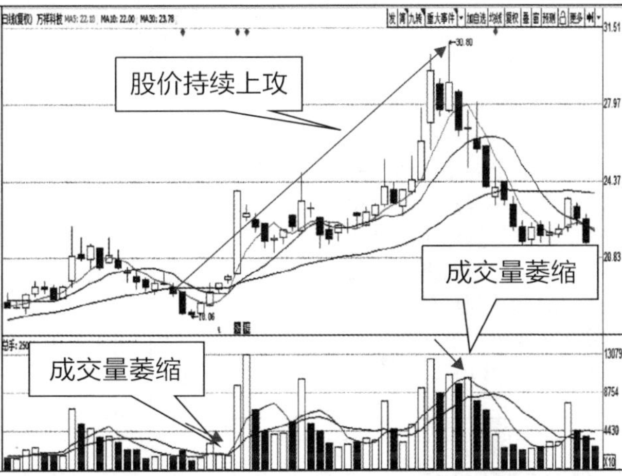
下跌趋势中缩量	如右图所示，下降趋势中的缩量，是指在成交量萎缩的同时，股价也同步出现下跌的量价配合现象。这是比较常见的情况。在低价位区域或股价经过较长时间下跌之后出现量缩价跌，表明空方力量正在逐渐减弱，是止跌回升的先兆。	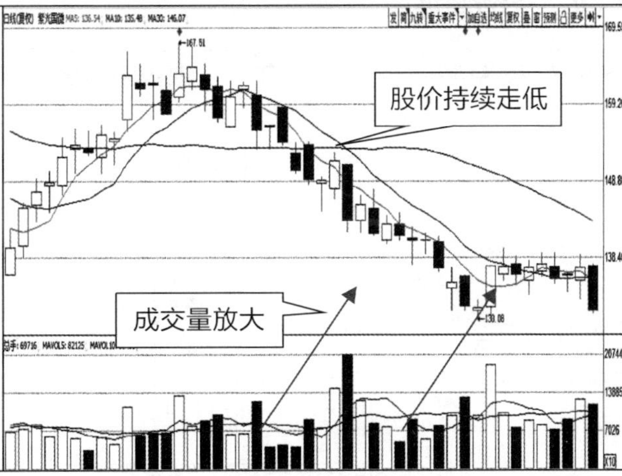

地量见地价

如右图所示，实战中所使用的“地量”更多的是“相对地量”的概念，即股票或大盘在某一交易日创下了某一较长时间内的成交量最低值。地量见地价是指当地量出现时，意味着一个阶段性或全局性底部的来临，投资者可以选择买入股票等待上涨。

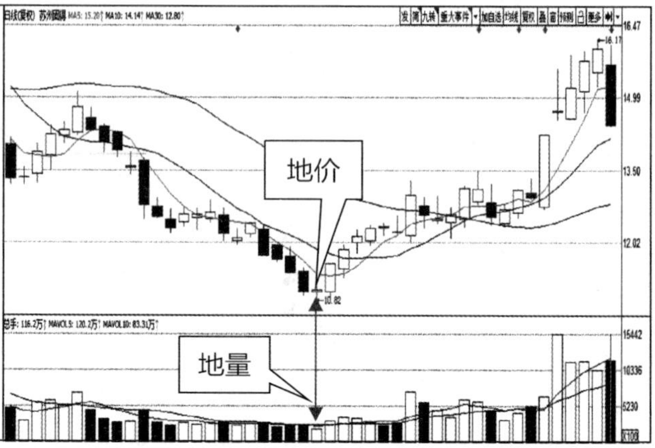

缩量与支撑形态

如右图所示，股价K线经过一波上升后出现调整，成交量同步萎缩。当股价回调至某一支撑位时，成交量萎缩至极低水平。此后，股价遇支撑反弹，成交量同步放大，则意味着股价可能会出现新的一波上升行情。

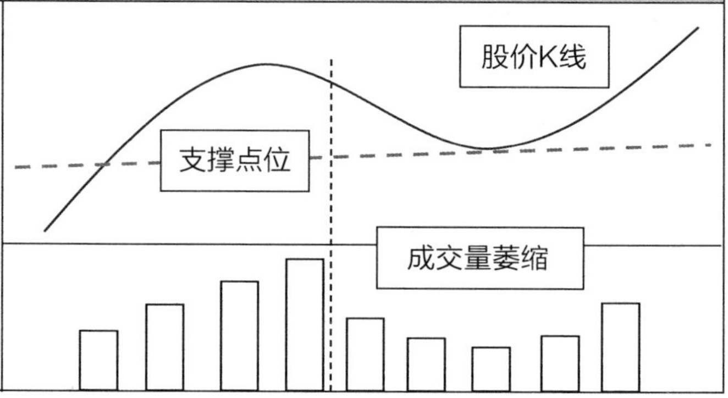

案例分析

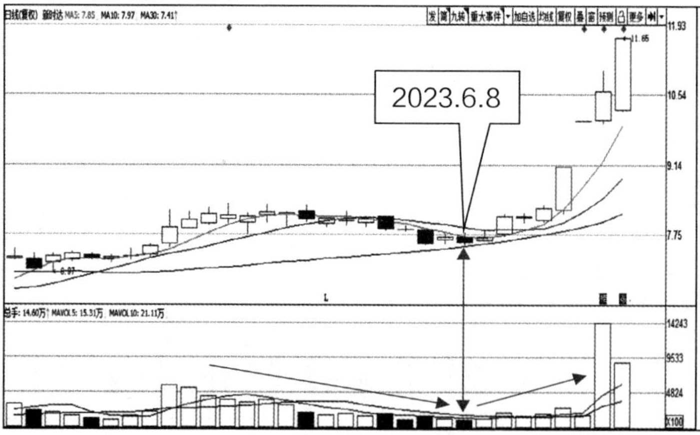

如左图所示，新时达的股价自2023年5月底下旬出现了调整走势，成交量同步萎缩。6月8日，该股股价回调至30日均线附近时，成交量同步萎缩至极点。此后，该股股价遇支撑反弹，成交量同步放大，这就意味着股价将迎来新的一波上升行情。

三、量价背离

工具概述

量价背离，即成交量与股价出现了不协调状况。正常来说，股价上行，成交量会同步放大；股价下行，成交量则会出现萎缩。而当股价上升，成交量出现萎缩；股价下跌，成交量出现放大时，则意味着量价出现了背离，股价很可能无法保持原有的运行态势。

工具解读

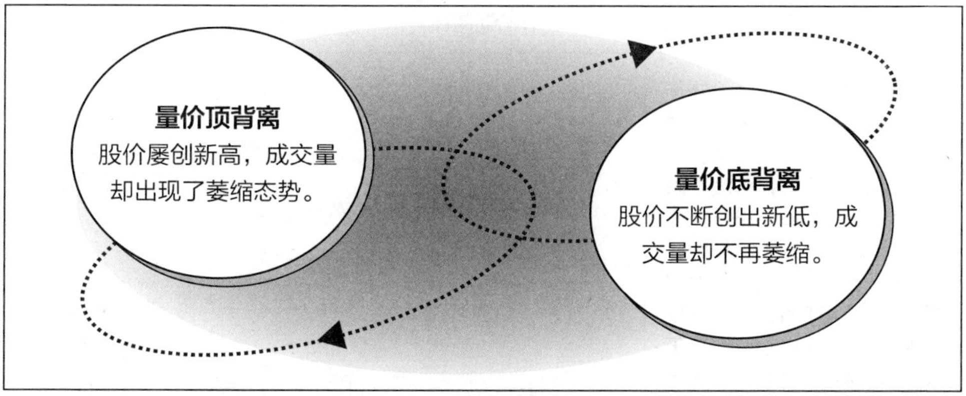

量价顶背离

如右图所示，股价处于上升趋势中，成交量通常会呈现逐级放大态势。也就是说，股价出现回调再度上升时，若股价能够创出新高，成交量也会同步创出新高。但是，若成交量并未创出新高，则意味着量价出现了顶背离，这说明股价上升很难持续，将会转入下行趋势。

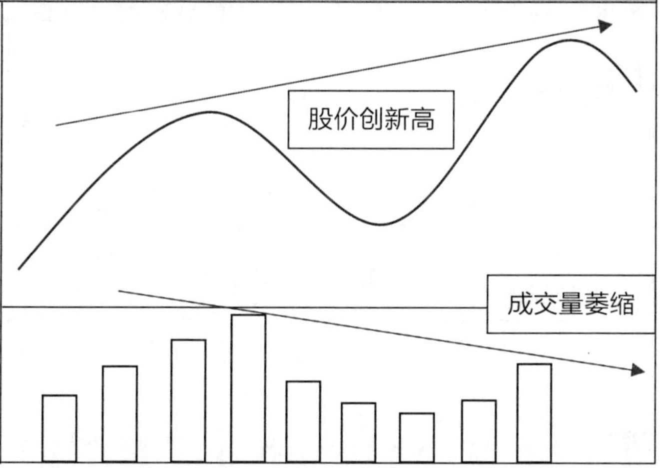

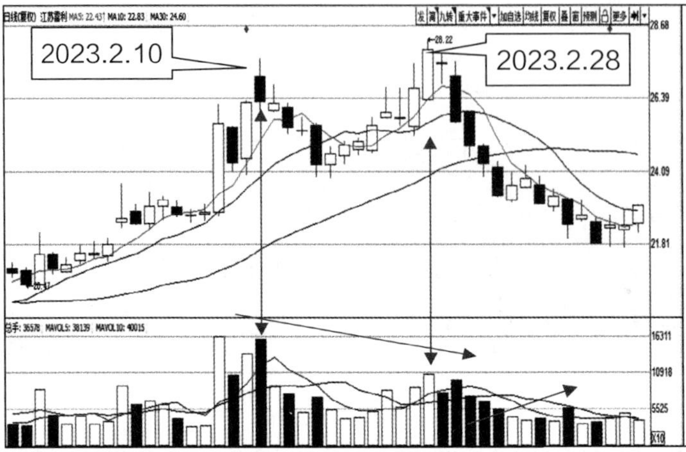

如左图所示，江苏雷利的股价自2022年年底出现了振荡上升走势，成交量同步拉升。2023年2月10日、2月28日，该股股价两次创出阶段高点，且后一个要高于前一个。与此同时，成交量却反向出现萎缩态势，这说明该股出现了量价顶背离形态，后市不乐观。此后，该股股价很快进入下行通道。

量价顶背离

如右图所示，股价处于下行趋势中，成交量通常会呈现逐级萎缩态势。也就是说，股价出现反弹再度下跌时，若股价能够创出新低，成交量也会同步创出新低。但是，若成交量并未创出新低，则意味着量价出现了底背离，这说明股价下跌很难持续，将会转入上行趋势。

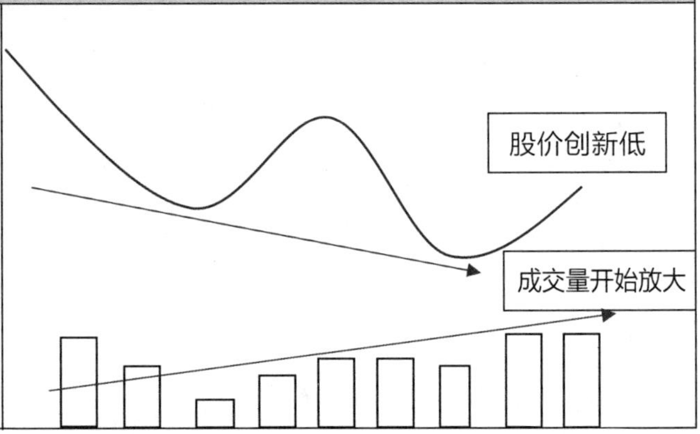

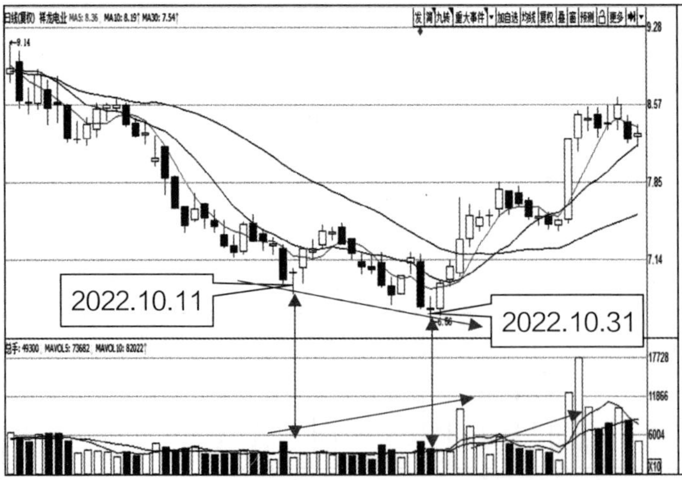

如左图所示，祥龙电业的股价自2022年下半年出现了振荡下跌走势，成交量同步萎缩。10月11日、10月31日，该股股价两次创出阶段低点，且后一个要低于前一个。与此同时，成交量却反向出现放大态势，这说明该股出现了量价底背离形态，预示后市有转好可能。此后，该股股价很快进入上行通道。

第四章
炒股技术分析工具

第一节　技术指标

工具概述

技术指标是证券市场中的专有名词，是人们通过对市场规律性的研究分析，依据一定的统计方法，运用一些复杂的数学模型或计算公式，通过计算机系统生成的某种指标值或图形曲线。它不仅是股市技术分析的研究成果，也是预测股价未来走势、指导投资者买卖的重要工具。

工具解读

序号	指标类型	用途	包含的主要指标	
1	趋向指标	又叫趋势跟踪类指标，主要用于跟踪并预测股价的发展趋势。	◎ 移动平均线 ◎ 指数平滑异同平均线 ◎ 趋向指标 ◎ 瀑布线	◎ 平均线差 ◎动力指标（动量线） ◎ 指数平滑移动平均线 ◎ 宝塔线
2	反趋向指标	又叫反趋势类指标，主要用于捕捉趋势的转折点。	◎ 随机指标 ◎ 变动速率 ◎ 威廉指标 ◎ 相对强弱指标	◎ 乖离率 ◎ 顺势指标 ◎振荡量（变动速率） ◎ 动态买卖气指标
3	量能指标	通过成交量的大小和变化研判趋势变化。	◎ 容量比率 ◎ 能量指标 ◎ 人气意愿指标	◎ 量相对强弱 ◎ 量变动速率 ◎ 成交量标准差
4	量价指标	通过成交量与股价变动关系分析未来趋势。	◎ 振荡升降指标 ◎ 能量潮 ◎ 主力进出指标	◎ 价量趋势 ◎ 量价趋势 ◎ 威廉变异离散量

（接上表）

序号	指标类型	用途	包含的主要指标	
5	压力支撑指标	主要用于分析股价目前受到的压力和支撑。	◎ 布林带 ◎ 抛物转向	◎ 麦克指标 ◎ 薛斯通道
6	大盘指标	通过涨跌数量研究大盘指数的走势。	◎ 涨跌比率 ◎ 绝对幅度指标 ◎ 新三价率	◎ 腾落指数 ◎ 广量冲力指标 ◎ 指数平滑广量

一、均线指标

工具概述

移动平均线，简称均线（moving average，MA），该指标以“平均成本概念”为理论基础，采用统计学中“移动平均”的原理，将某一段时间内的股价平均值画在坐标轴上连成曲线，用来显示股价的历史波动情况，进而反映股价未来的发展趋势，为投资者提供操作依据。

工具解读

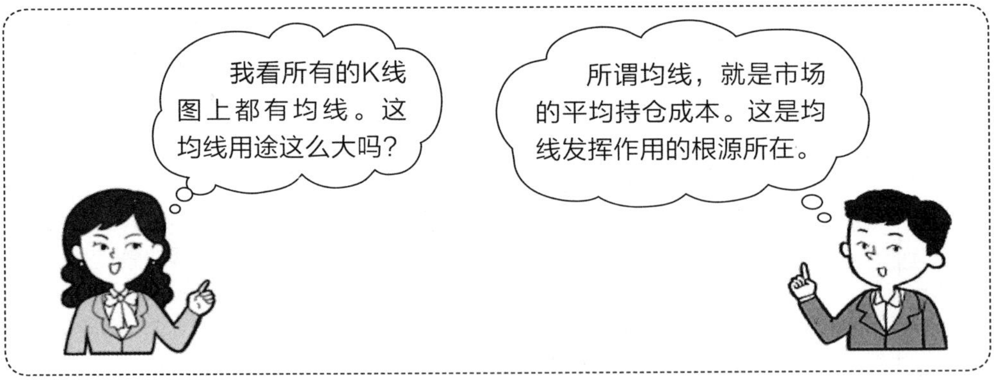

均线的周期

均线
- 短期均线：以5日均线、10日均线为代表，超短线交易甚至喜欢使用3日均线。
- 中期均线：以20日均线、30日均线为代表，有些投资者喜欢使用21日、34日、55日均线。
- 长期均线：以120日、250日均线为代表，其分别代表了半年和一年的持仓成本线。

均线的用途

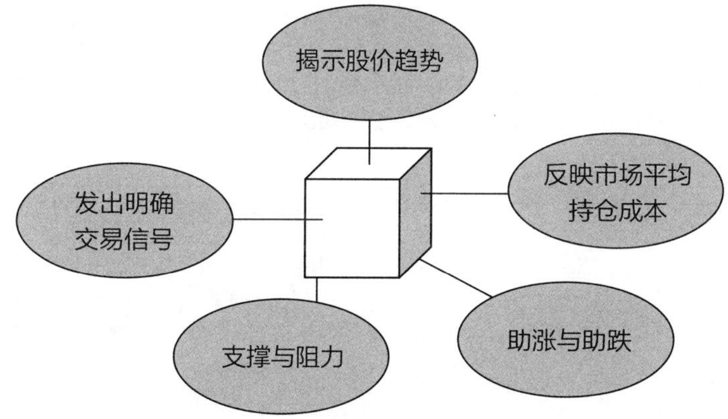

均线的支撑与阻力

突破与交叉

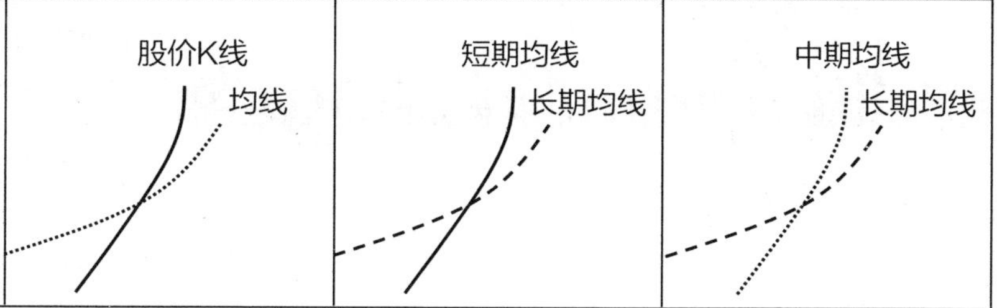

第一，股价K线自下而上突破均线后，如果三个交易日没有回到均线的下方，则意味着此次突破为真突破，后市看涨；反之，若自上而下跌破均线且三个交易日没有涨回来，也可认定跌破有效。

第二，股价上行，带动短期、中期均线向上突破长期均线形成交叉，即黄金交叉，属看涨信号；反之，若股价下跌，短期、中期均线向下跌破长期均线，即死亡交叉，属看跌信号。

第三，股价向上突破均线或中、短期均线向上突破长期均线时，若成交量同步放大，则可增强突破有效性；反之，若股价向下跌破均线，中、短期均线向下跌破长期均线则不需要成交量佐证。

均线的支撑与阻力

支撑与阻力

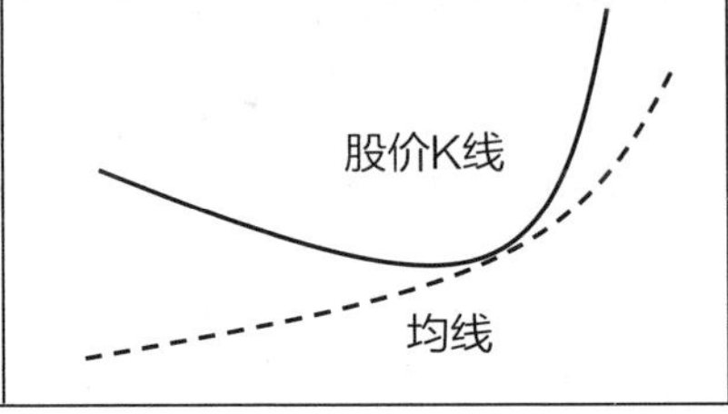

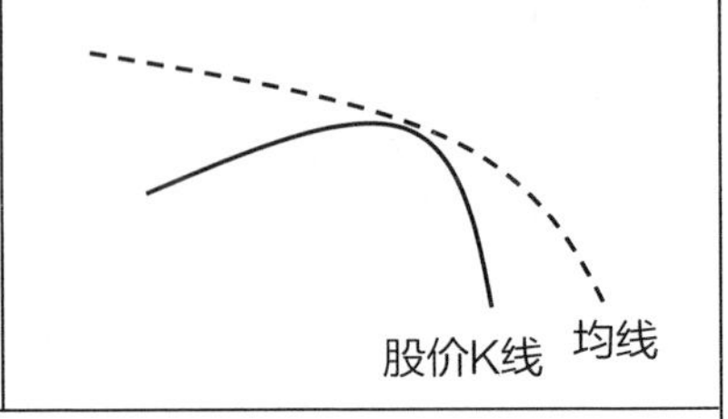

第一，股价K线位于均线上方且自高位出现回调，其回调至均线附近时，很容易受均线的支撑而重新上升。此时，均线对股价所起的作用就是支撑作用。若股价回调，成交量同步萎缩，而当股价遇支撑重新上升时，成交量同步放大，更可以佐证支撑的有效性。

第二，股价K线处于均线下方，且出现反弹走势，当股价反弹至均线附近时，很多套牢者会将其看成较佳的离场机会，纷纷卖出股票，这就对股票造成了较大的阻力，从而推动股价重新下行。

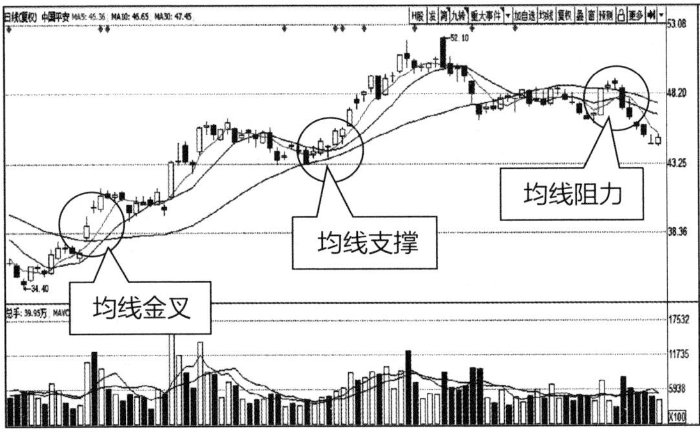

从左图中可以看出，中国平安在振荡上行过程中，股价K线与均线的位置关系发生了多次变动。当股价自低位反攻时，出现了黄金交叉形态。此后，股价也曾回调遇均线支撑。当股价跌破均线后，再度反弹遇均线时，又受到了均线的阻力。

二、MACD指标

工具概述

指数平滑异同移动平均线（moving average convergence divergence，MACD），是由杰拉尔德·阿佩尔（Gerald Appel）在移动平均线的基础上重新发展出来的一种趋向指标。该指标利用快速（短期）平滑移动平均线与慢速（长期）平滑移动平均线之间不断聚合和分离的特征，加以双重平滑计算出差离值，用以对市场行情和买卖时机做出研判，是股市中常用的中长期技术指标。

工具解读

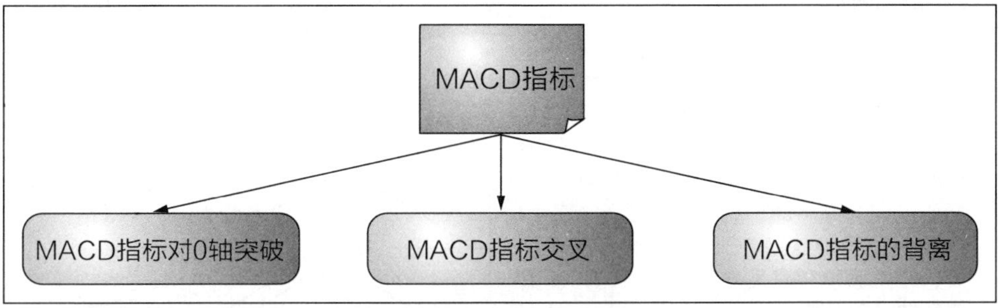

MACD指标对0轴突破

第一，收盘价短期、长期指数平滑移动平均线间的差（DIFF）自下而上穿越0轴后，说明多空力量发生了逆转，市场由空头主导变成了多头主导。随后，如果DIFF线的M日指数平滑移动平均线（DEA）也能穿越0轴，且DIFF快线继续向右上方倾斜，则更可强化买入信号。

第二，DIFF快线自上而下穿越0轴后，说明多空力量发生了逆转，市场由多头主导变成了空头主导。随后，如果DEA慢线也能穿越0轴，且DIFF快线继续向右下方倾斜，则更可强化卖出信号。

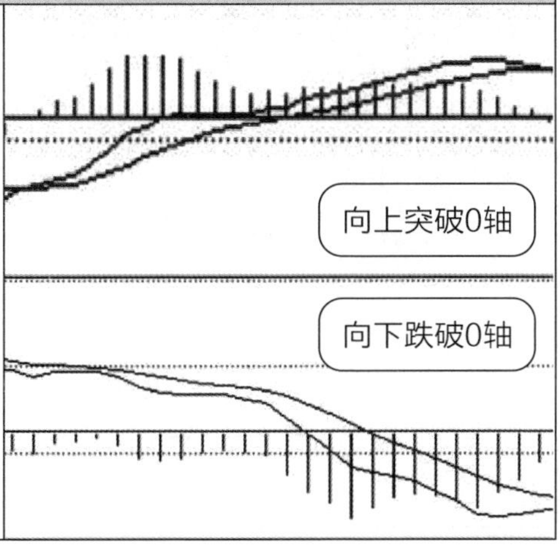

MACD指标的金叉与死叉

第一，DIFF快线自下而上穿越DEA慢线时，交叉点应位于0轴上方，这说明此时多头已经占据了主导地位，属于看涨信号，此交叉为黄金交叉。若交叉点位于其他位置，则看涨成色没有黄金交叉那么足。

第二，黄金交叉出现时，若股价上攻，成交量同步放大，更可强化买入信号的有效性。

第三，DIFF快线经过一段时间的快速上涨后，自上而下快速穿越DEA慢线，且交叉点位于0轴以上较远的位置，即死亡交叉，多数属于行情即将下跌情况。

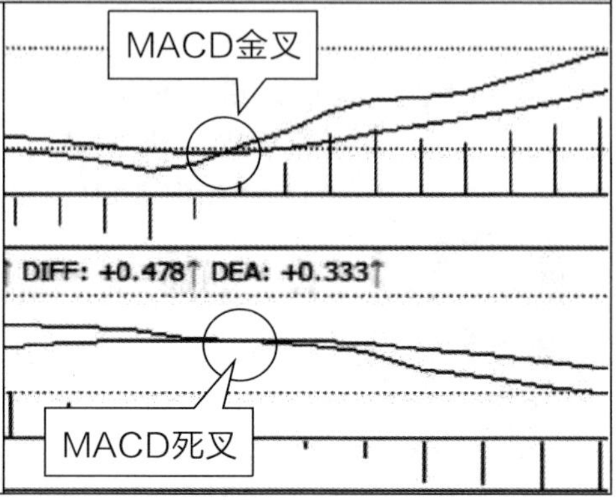

MACD指标的顶背离与底背离

第一，股价在振荡上升过程中，所形成的高点一个比一个高，而此时MACD指标所形成的高点却出现逐级降低的态势，这就说明股价与MACD指标出现了顶背离，未来股价存在反向下行的可能，投资者宜做好卖出准备。

第二，股价在振荡下行过程中，所形成的低点一个比一个低，而此时MACD指标所形成的低点却一个比一个高，这就说明股价与MACD指标出现了底背离态势，这预示着股价未来存在止跌反转向上的可能。投资者可等到明确的买入信号出现，就可考虑入场建仓了。

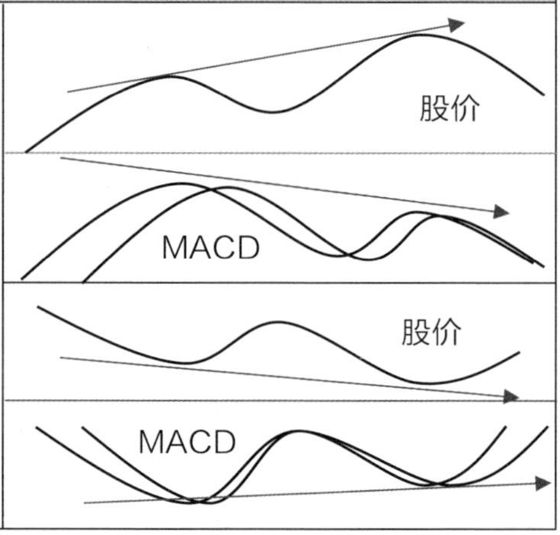

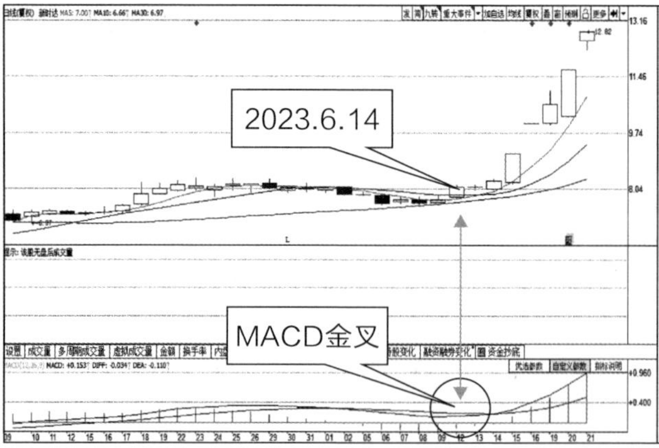

从左图中可以看出，新时达在经历一波振荡后出现了拐头上攻迹象。与此同时，MACD指标也从下行状态转为放平状况。

2023年6月14日，该股股价小幅放量上攻，与此同时，MACD指标出现黄金交叉形态，且交叉点位于0轴上方，这属于典型的看涨信号，投资者可积极入场买入股票。

三、KDJ指标

工具概述

随机指标（KDJ），是一种短线分析工具，主要被用来反映市场上买卖力量的强弱和超买超卖现象，它能够在股价尚未上升或下降之前发出准确的买卖信号。该指标由乔治·兰恩（George Lane）首创，根据统计学原理，将某个周期内出现过的最高价、最低价及最后一个收盘价作为基本数据，来计算最后一个计算周期的未成熟随机值，然后根据平滑移动平均的方法来确定K值、D值与J值，并绘制成相应的曲线图来研判行情。

工具解读

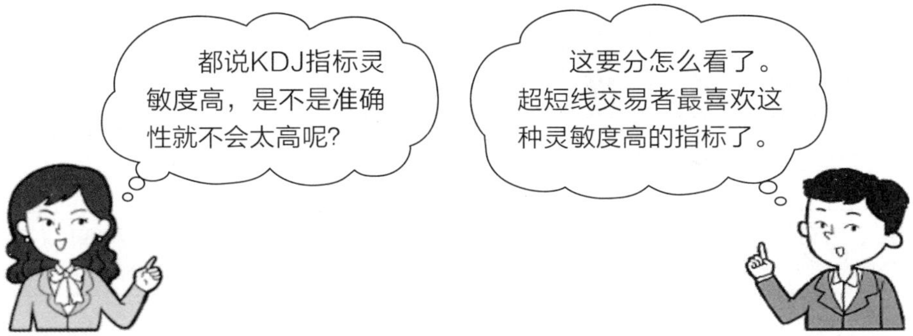

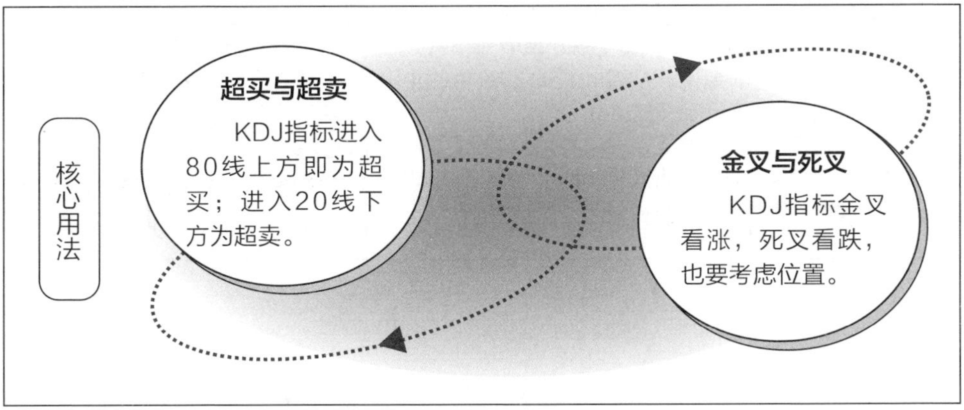

KDJ指标超买与超卖

KDJ指标会随着股价的波动而摆动，其摆动范围多处于20线到80线之间的徘徊区。而当股价短期内出现大幅上攻时，KDJ指标就会迅速进入80线上方的超买区，这就意味着股价短期存在超买情况，未来可能会下跌。反之，KDJ进入超卖区域，则股价未来可能会反弹。

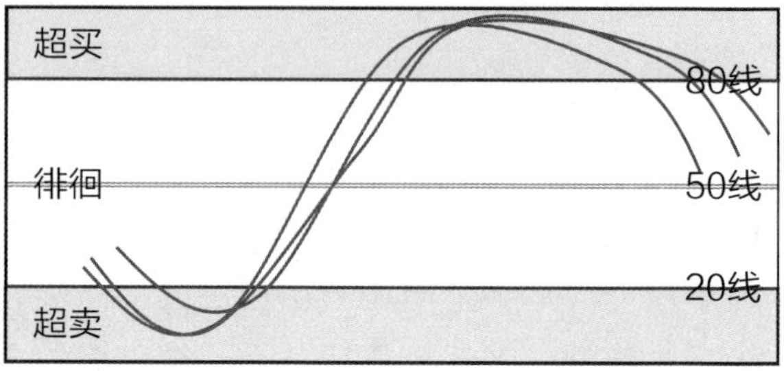

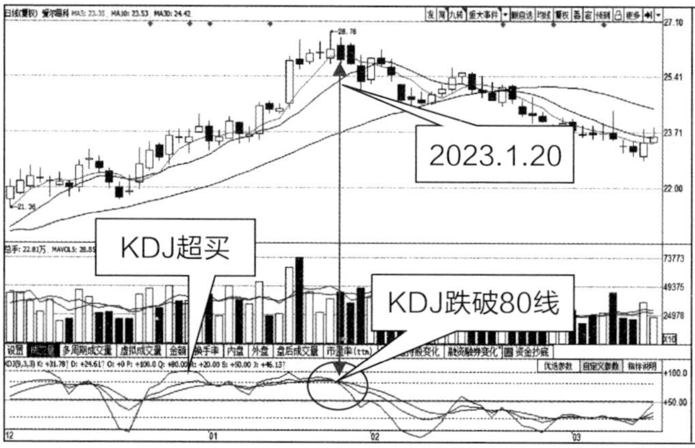

从左图中可以看出，爱尔眼科的股价在2022年年底时段出现了一波振荡上升走势，KDJ指标同步进入超买区域。2023年1月20日，该股股价出现回调，KDJ指标跌破80线，回归徘徊区，这也意味着股价的上升将要告一段落，投资者可考虑减仓操作。

KDJ指标金叉与死叉

第一，曲线K和曲线J同时自下而上穿越曲线D，交叉点最好位于20线上方附近，这属于黄金交叉。此时股价已经启动反弹或上涨，属看涨信号。其他位置所形成的金叉，尽管也能带动股价的上行，但持续时间一般不会太长。

第二，曲线K自上而下穿越曲线D形成的交叉被称之为死亡交叉。此后，曲线K会逐渐走低，股价也会逐步走低，属于看跌信号。

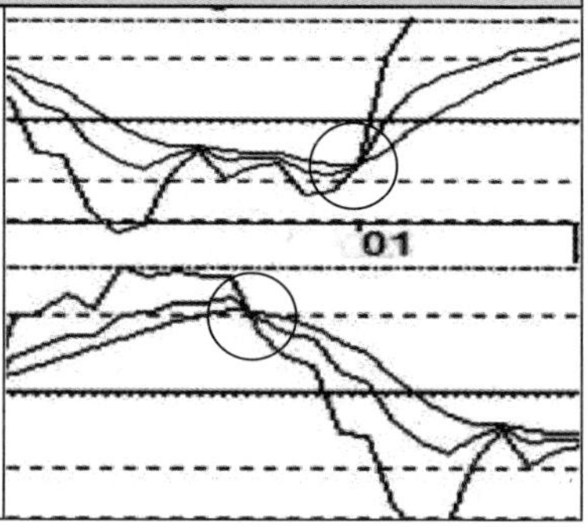

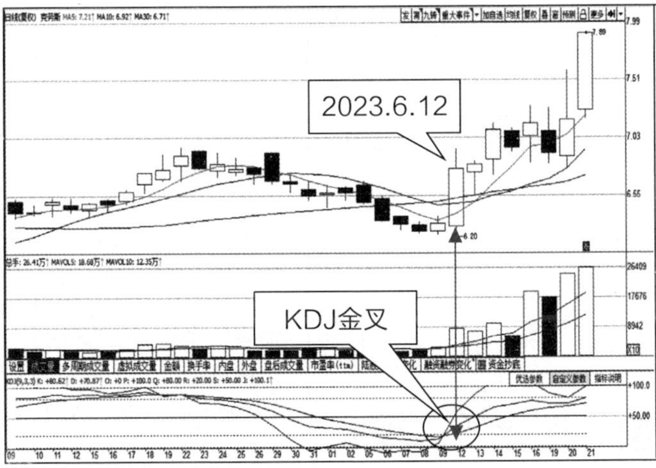

从左图中可以看出，克劳斯的股价在2023年5月时段出现了一波振荡回调走势，KDJ指标同步下行，甚至一度进入超卖区域，这意味着股价有反弹的可能。

2023年6月12日，该股股价大幅上攻，KDJ指标在20线附近形成黄金交叉，这意味着股价正式开始上涨模式，投资者可追涨。

四、布林线指标

工具概述

布林线，又称布林带（BOLL），由约翰·布林格（John Bollinger）发明，并以其名字命名。该指标根据统计学中的标准差原理求出股价的信赖区间，从而划定股价的波动范围，并预测未来可能的走势，同时利用波带显示股价安全的高低价位。

工具解读

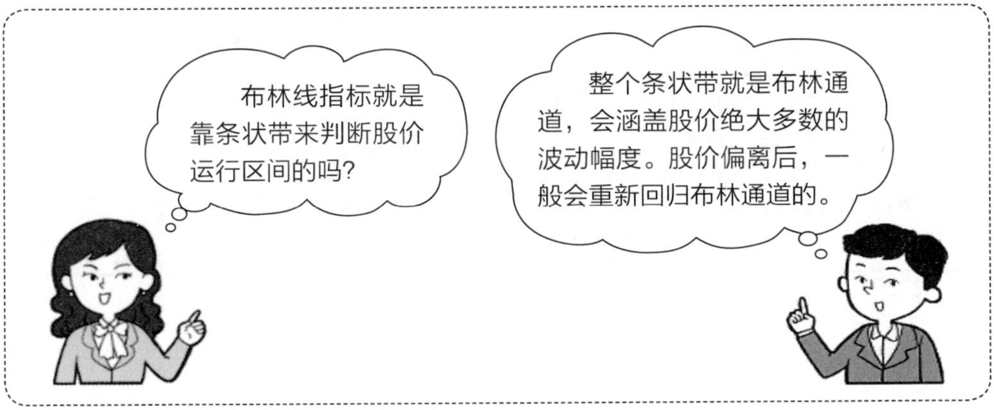

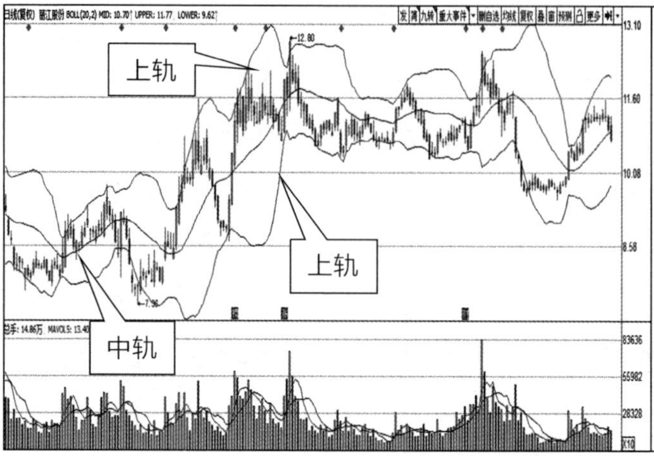

通常来说，股价在大部分时间会运行在布林线上轨与下轨之间的区域。而上轨线、下轨线与中轨线对股价也会产生一定的支撑与阻力作用。股价自下而上突破这些轨道线时，往往也需要成交量的放大相配合。同时，布林通道开口越大说明股价波动幅度越大，而开口越小，说明波动幅度越小。

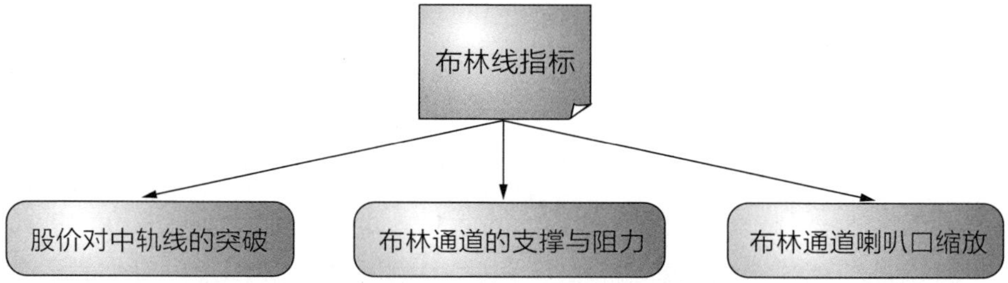

股价对布林线中轨的突破

布林线中轨，本质上就是一根20日均线。在布林线指标系统中，是最为核心的一个参数。上轨线与下轨线都是围绕中轨进行波动的。因此，中轨线也就有了更强的交易指示含义。当股价自下而上突破中轨线，且布林通道喇叭口开始放大时，意味着股价将要进入上升通道，属于积极的看涨信号。

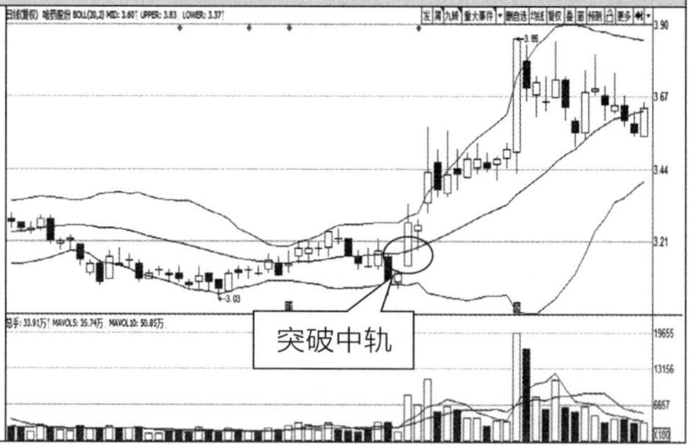

布林通道的支撑与阻力

从右图中可以看出，股价K线上行至布林线上攻线附近时，常常会受到上轨的阻力而出现回调走势。而下跌至下轨线附近时，又常常会受到下轨线的支撑而重新上行。短线或波段交易者可围绕布林线的上轨、下轨制定相关的交易计划，以追求短期收益。

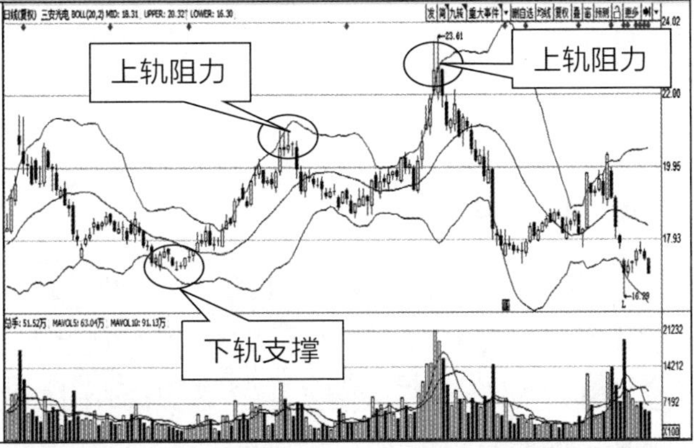

布林线喇叭口的缩放

布林通道喇叭口的缩放在一定程度上反映了股价K线的波动幅度。布林通道敞口，则意味着股价波动幅度加大。反之，则是股价波动幅度收窄。

当股价向上突破中轨线或跌破中轨线时，若此时布林通道喇叭口开始放大，则意味着股价将掀起一波快速上升或下跌走势。

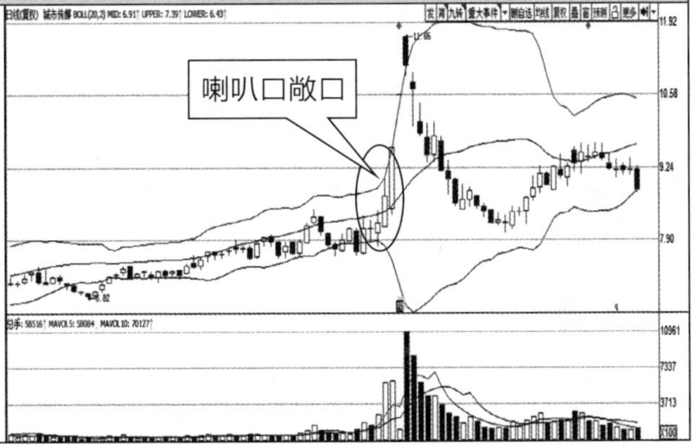

第二节 股票画线工具

工具概述

画线技术，是指通过一定的方法，遵循股票投资的基本原理，在K线图上完成切线绘制的技术。通常来说，通过画线工具所绘制的一些直线，往往都是支撑点或阻力点，甚至是变盘时间点的连线，因而，对股价未来的运动会产生一定的支撑或阻力作用。

工具解读

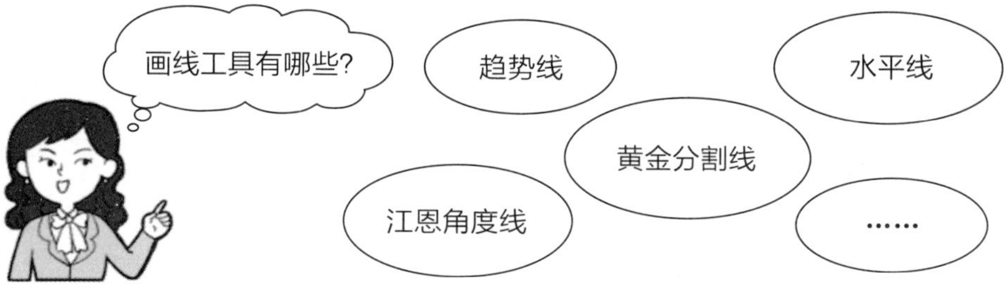

核心用途

- 判断股价或指数的运行趋势
- 预测股价或指数的支撑位与阻力位
- 确定交易策略与方法

增强画线技术有效性的策略

- **基准点位选择**：优先选择支撑或阻力较强的点位作为画线的基准点位。可以选实体位置，也可选影线的高点或低点。
- **调整与修正**：当所绘制的切线不能很好地指示股价走势趋势时，需要及时加以修正。
- **作用确认**：绘制切线后，当股价K线再次来到该线附近，且该线确实发挥了支撑与阻力作用后才能认定有效。

一、趋势线

工具概述

在所有的切线中，趋势线是最重要的一条。趋势线，是以道氏理论为基础演化而来的，是由交易者根据当前股价运行状态画出的一条能够对未来股价运行趋势做出预判的直线。

工具解读

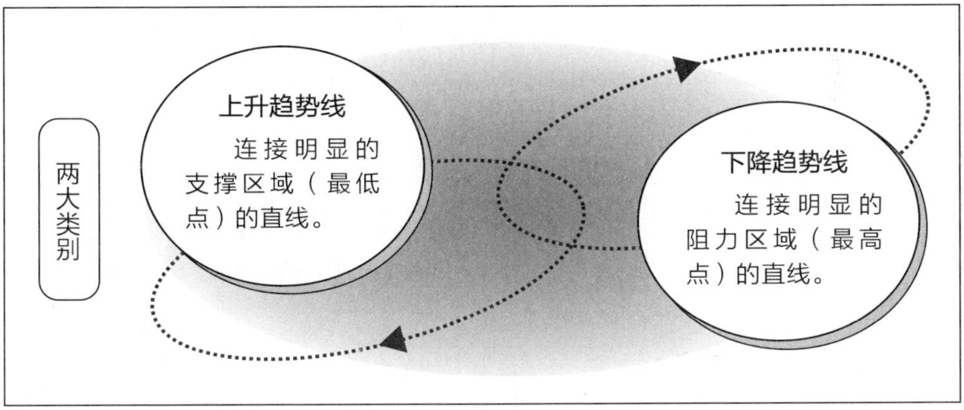

上升趋势线

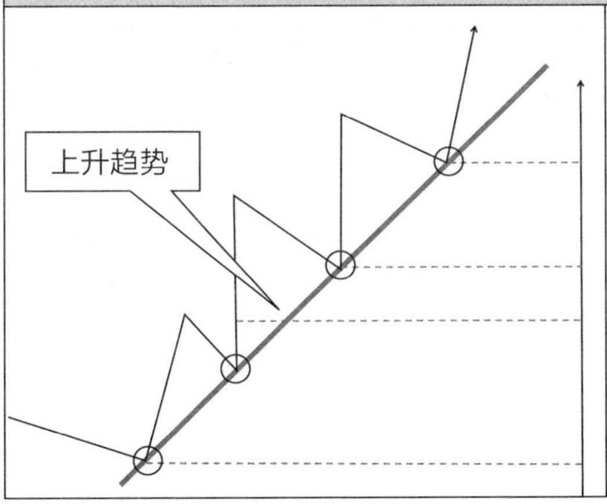

绘制上升趋势线有以下几点要领。

第一，上升趋势线是以两个回调低点为关键点位所画的直线。因而，投资者所选择的第二个低点必须高于第一个低点。

第二，两个下跌低点之间必须有一定的距离，不能是两个紧紧相邻的低点。

第三，通过两个上升的低点连线所画的上升趋势线，必须经过第三个低点确认方可。

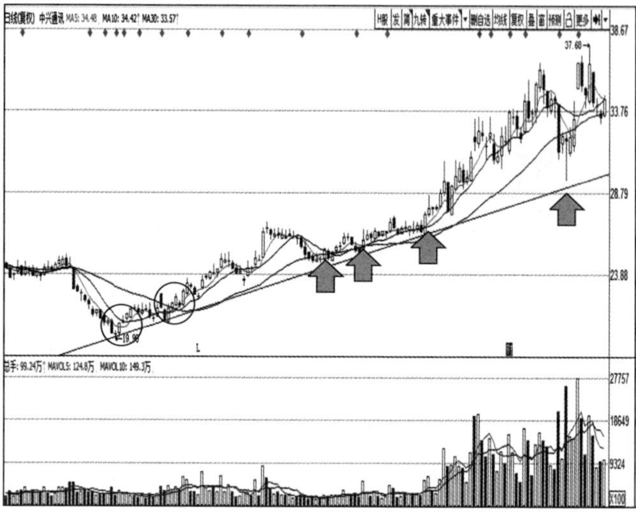

下面几种趋势线更为重要。

第一，趋势线所涉及的时间越长，那么趋势线的支撑作用越强。

第二，股价沿趋势线上涨过程中，回调触及趋势线后上涨的次数越多，趋势线的作用越强。

第三，接近45度角的趋势线的支撑作用要强于其他角度。

第四，所连接的回调低点中，若有对应阶段成交量最低点，则该趋势线的支撑作用更强。

下降趋势线

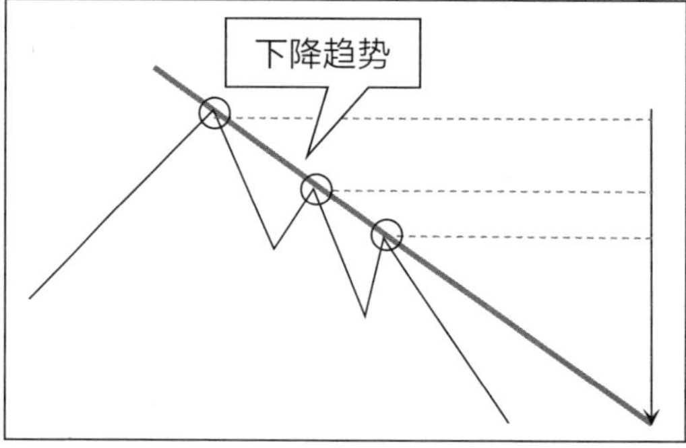

绘制下降趋势线有以下几点要领。

第一，下降趋势线是以两个反弹高点为关键点位所画的直线。因而，投资者所选择的第二个高点必须低于第一个高点。

第二，两个反弹高点之间必须有一定的距离，不能是两个紧紧相邻的低点。

第三，通过两个反弹高点连线所画的下降趋势线，必须经过第三个低点确认方可。

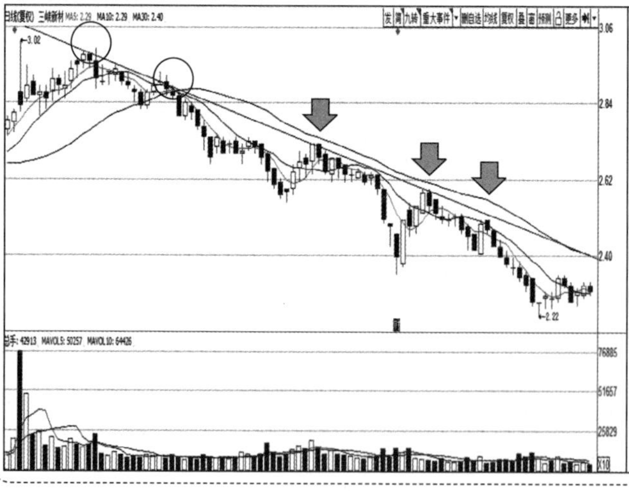

下面几种趋势线更为重要。

第一，趋势线所涉及的时间越长，那么趋势线的支撑作用越强。

第二，股价沿趋势线下跌过程中，反弹触及趋势线后回落的次数越多，趋势线的作用越强。

第三，接近45度角的趋势线的支撑作用要强于其他角度。

第四，所连接的反弹高点中，若有对应阶段成交量最高点，则该趋势线的阻力作用更强。

二、通道线

工具概述

通道线，又称平行线或平行通道线，是在达韦斯·尼古拉（Darvas Nicola）创立的股票箱理论基础上演变而来的。通道线以趋势线为核心，由相互平行的阻力线和支撑线组成的一组直线。股价运行于通道线内，上涨至通道上轨时，遇到上轨阻力就会出现下跌走势，下跌至通道线下轨时，遇到下轨支撑就会出现上涨走势。

工具解读

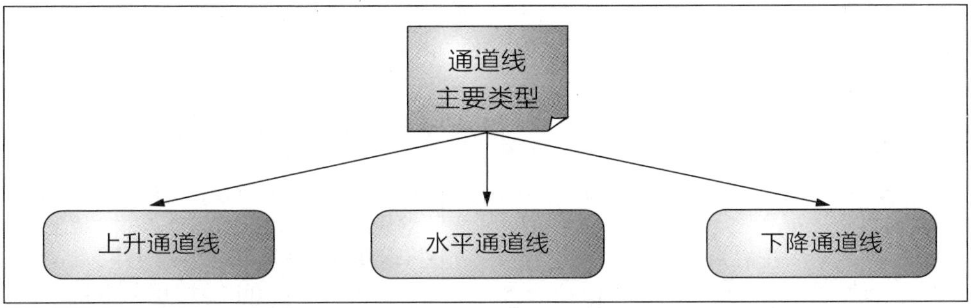

上升通道线

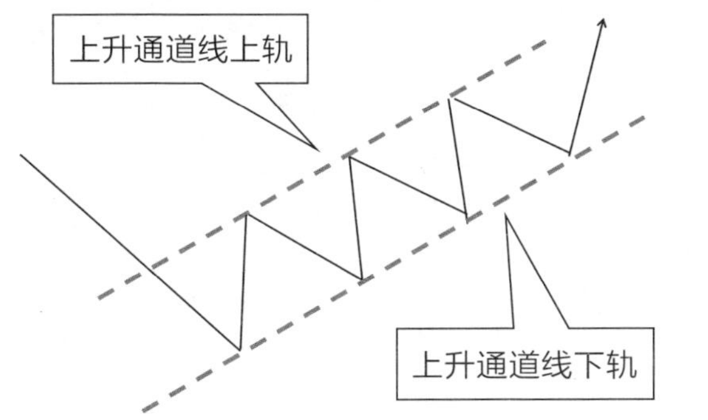

绘制上升通道线有以下几点要领。

第一，选择上升趋势中的两个关键低点，画一条直线，这条直线是上升通道线的下轨，也就是股价的上升趋势线。

第二，以股价上升的关键高点为基点，画一条与上升趋势线平行的直线，这条直线就是上升通道线的上轨。

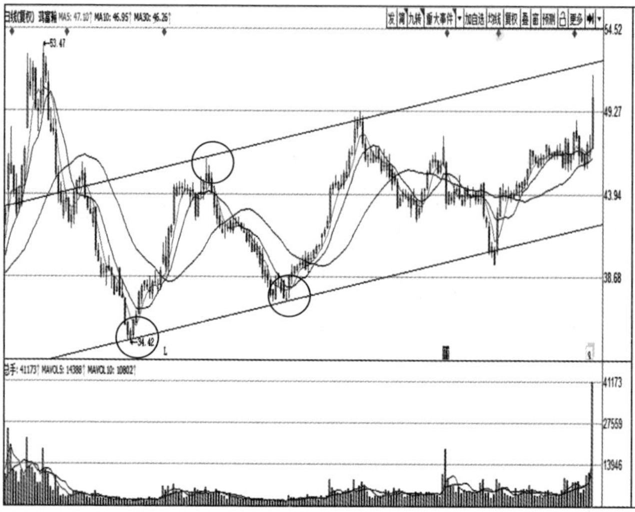

上升通道线交易的含义有以下几点。

第一，向上突破通道线。股价向上突破通道线，说明股价有加速上涨的可能，投资者可以考虑加仓。

第二，向下跌破通道线。若股价向下跌破通道线，说明股价有偏离通道的可能，并不意味着股价一定下跌。

第三，防范假突破。如果股价突破通道线后，迅速回落至通道线区域内，则视为突破失败或假突破，投资者可继续按原计划操盘。

水平通道线

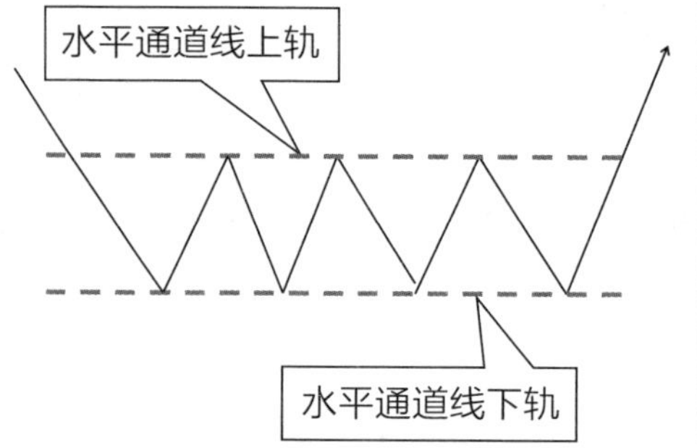

绘制水平通道线有以下几点要领。

第一，选择横向趋势中的一个关键低点，画一条水平线，这条直线应该能够通过尽可能多的回调低点，也就是一条支撑线或者水平趋势线。

第二，以股价上升的关键高点为基点，画一条水平线，这条直线就是水平通道线的上轨。

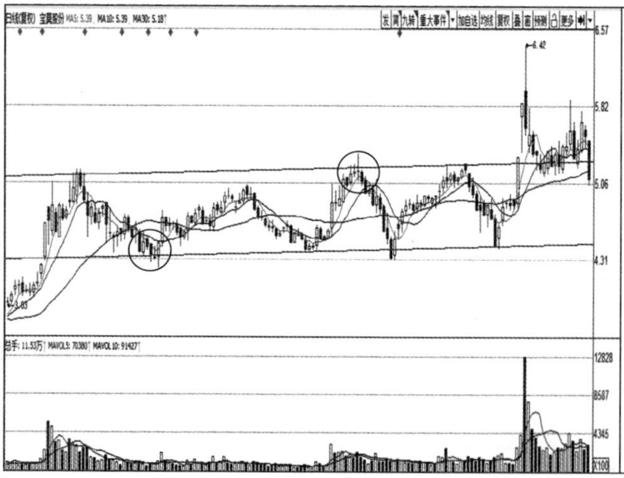

水平通道线交易的含义有以下几点。

第一，支撑与阻力作用。股价上涨时遇到通道线上轨后可能出现回落。股价下跌时遇到下轨线支撑而可能上涨。

第二，向上突破通道线。股价向上突破通道线，说明股价有加速上涨的可能，投资者可以考虑加仓。

第三，向下突破通道线。如果股价向下跌破通道线，说明股价有下跌的可能，投资者可减仓或清仓。

下降通道线

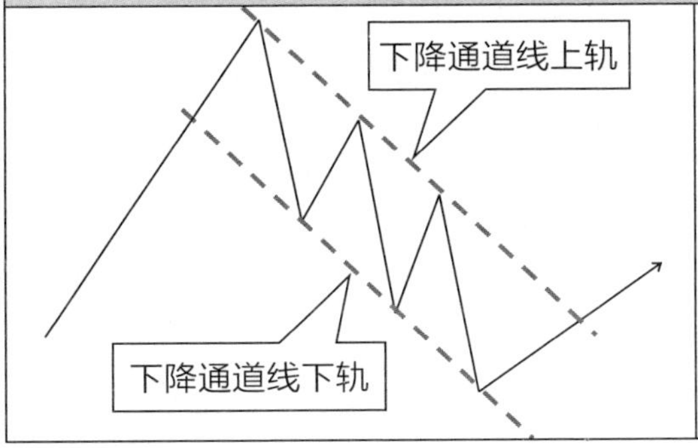

绘制下降通道线有以下几点要领。

第一，选择下降趋势中的两个关键反弹高点，画一条直线，这条直线是下降通道线的上轨，也就是股价的下降趋势线。

第二，以股价下跌的关键低点为基点，画一条与下降趋势线平行的直线，这条直线就是下降通道线的下轨。

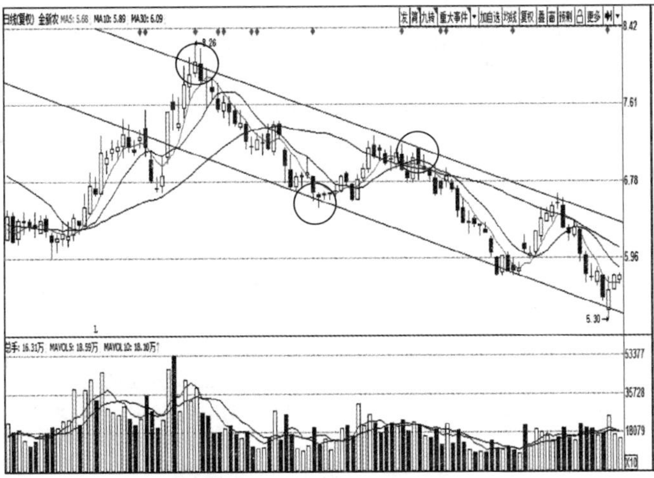

下降通道线交易的含义有以下几点。

第一，向上突破通道线。股价向上突破通道线，说明股价有结束下降趋势的可能，投资者宜保持关注。

第二，向下突破通道线。如果股价向下跌破通道线，说明股价有加速下跌的可能。

第三，防范假突破。如果股价突破通道线后，迅速回落至通道线区域内，则视为突破失败或假突破，投资者可继续保持观望。

三、江恩角度线

工具概述

江恩角度线是由时间单位和价格单位定义价格运动，它以股价的重要高低点作为起点和终点，然后按照不同角度绘制出 8 根角度线，当股价运行至角度线位置时，将会遇到重大的支撑或者阻力。江恩角度线的基本比例为 1：1，即每单位时间内，价格运行一个单位。另外，还有 2：1、3：1、4：1、8：1、1：2、1：3、1：4、1：8 等比例。这 8 条角度线中，最重要的是 2：1 和 3：1 这两条线。

工具解读

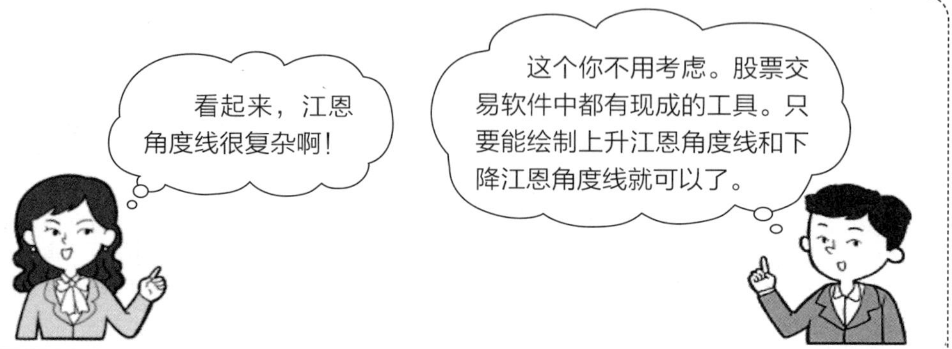

上升江恩角度线

上升江恩角度线给出了处于上涨行情中股票的一些重要的支撑位与阻力位，当股价运行到这些位置时，江恩角度线就会对股价的运行产生一定的影响。

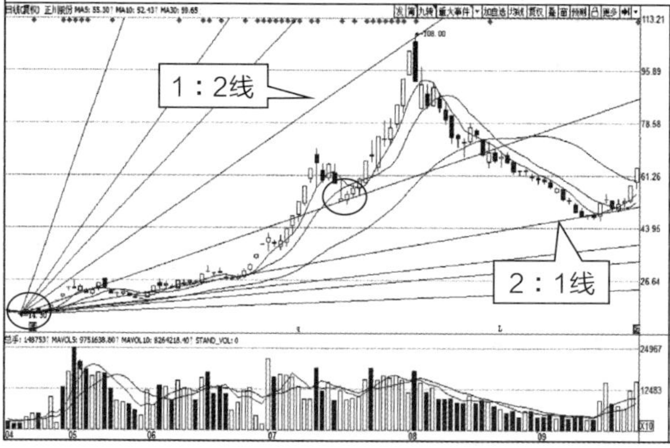

当股价自底部向上振荡上涨时，投资者可以选择炒股软件“画线工具”中的“江恩角度线”，先用鼠标确定一个低点，然后沿着股价运动方向向右上方拖动鼠标至某一重要支撑或阻力点位，系统就会自动画出江恩角度线。

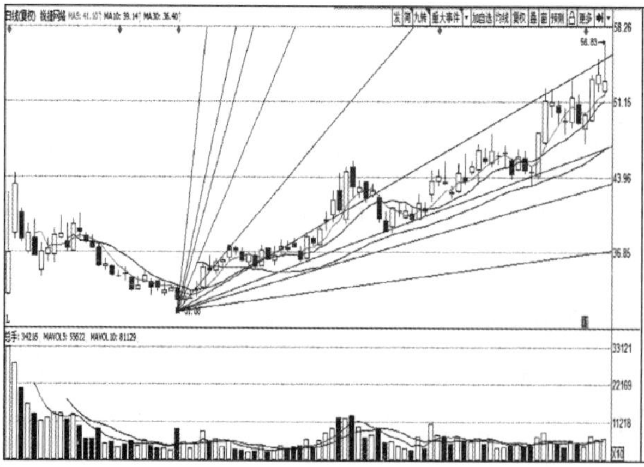

下面两种情况需要注意。

第一，画上升江恩角度线时，应该注意波段低点的选择。如果选择的最低点被新的低点所代替，投资者就需要重新画江恩角度线了。

第二，画上升江恩角度线时，如果股价的低点或高点触及江恩角度线的次数越多，那么，未来江恩角度线对股价走势的影响也就越大。

下降江恩角度线

下降江恩角度线给出了处于下跌行情中股票的一些重要的支撑位与阻力位，当股价运行到这些位置时，江恩角度线就会对股价的运行产生一定的影响。

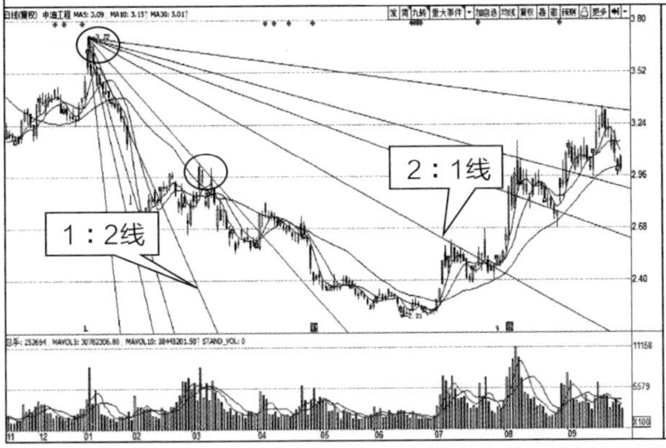

当股价自顶部振荡下跌时，投资者可以选择炒股软件中“画线工具”中的“江恩角度线”，先用鼠标确定一个高点，然后沿着股价运动方向向右下方拖动鼠标至一个明显的阻力点或支撑点，系统就会自动画出下降江恩角度线。

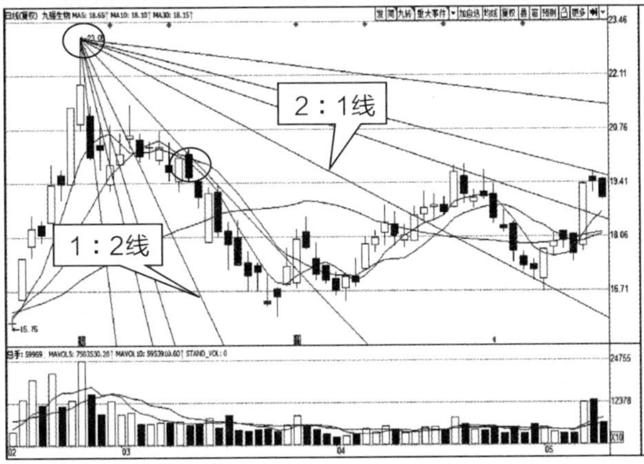

下面两种情况需要注意。

第一，画下降江恩角度线时，应该注意波段高点的选择。如果选择的最高点被新的高点所代替，投资者就需要重新画江恩角度线了。

第二，画下降江恩角度线时，如果股价的低点或高点触及江恩角度线的次数越多，那么，未来江恩角度线对股价走势的影响也就越大。

第五章
企业基本面分析工具

第一节　技术指标

企业经营分析是运用定量分析、业务分析和行为分析相结合的方法，对企业进行综合分析的一种现代经营分析体系。企业经营分析，是企业基本面分析中最为核心的一环，也是最重要的一环。

一、迈克尔·波特五力模型

工具概述

五力模型是美国著名战略学家迈克尔·波特（Michael Porter）于20世纪80年代提出来的。这一工具能够有效地分析企业所处的竞争环境，能为企业制订战略提供可靠依据，因而在全球的战略管理体系中具有深远影响。

工具解读

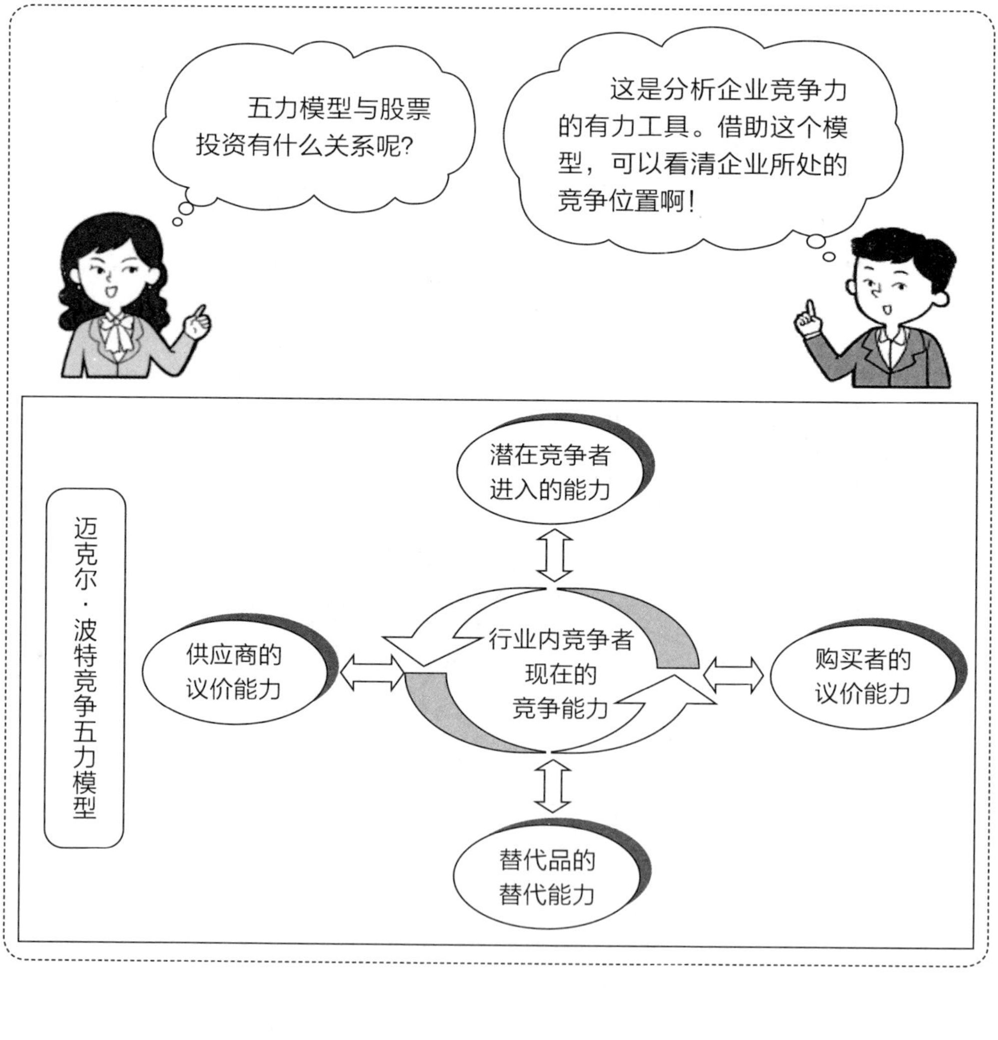

供应商的议价能力	每个企业都有自己的原材料或服务供应商。供应商可以通过提高价格、减少供给或是降低提供的产品（服务）质量等方式显示实力。
购买者的议价能力	与供应商一样，购买者也能够影响行业中现有企业的盈利能力。购买者主要通过强行压价与要求提供较高的产品或服务质量等方式来达到这一点。
潜在竞争者的进入能力	当有新的企业进入某一市场就可能使整个市场的竞争更加剧烈，威胁到市场内原有的企业。新企业的进入能力取决于该企业的实力、进入障碍、预期回报等。
替代品的替代能力	替代品是指那些与客户产品具有相同功能的或类似功能的产品。替代品可能会取代现有的产品，其价格越低、质量越好、用户转换成本越低，其所能产生的竞争压力就强。
行业内竞争者现在的竞争能力	每个企业都希望获得相对于竞争对手的优势，所以同一市场中的任何企业都必须面对同类企业的竞争，这些竞争往往表现在价格、广告、产品、服务等诸多方面。

知道为什么那么多人买茅台吗？

在贵州茅台面前，供应商议价能力方面几乎可以忽略。绝大部分原料都是企业生产的。

购买者几乎不具有任何议价能力，核心主打产品都是溢价购买的。

其他竞争者、潜在竞争者、替代品与其争夺市场的情况很少。

二、杜邦分析模型

工具概述

杜邦分析模型是利用几种主要的财务比率之间的关系，来综合地分析企业的财务状况。具体来说，它是用来评价公司盈利能力和股东权益回报水平，从财务角度评价企业绩效的一种经典方法。

工具解读

解读	净资产收益率是一个综合性最强的财务比率，是杜邦分析模型的核心。它反映所有者投入资本的获利能力，同时反映企业筹资、投资、资产运营等活动的效率。决定净资产收益率高低的因素有三个方面：权益乘数、销售净利率和总资产周转率，它们分别反映了企业的负债比率、盈利能力比率和资产管理比率。

三大核心指标

销售净利率

技术含量高、行业壁垒大、护城河深的企业，销售净利率就会较高。

总资产周转率

薄利多销的企业、交易频繁对现金依赖度较高的企业，总资产周转率高。

权益乘数

依赖举债经营的企业，负债率高。负债率越高的企业，权益乘数会越大，财务风险也越大。

运营模式

- **产品牛**：以高利润取胜，销售利润率超过20%。以拥有拳头产品的企业为主，比如贵州茅台、五粮液等。
- **运营牛**：以高产品周转、频繁交易取胜，一般要求总资产周转率超过1，以零售行业为代表。
- **借钱牛**：以高负债模式运行的企业，一般权益乘数高于5。以房地产、银行等行业为代表。

模式解读

通常来说，某一模式到达了优秀水平，就意味着该企业是以该模式为主运营的。若两种以上模式都达到了优秀水平，则需按照如下顺序来解读：

高利润 > 高周转 > 高杠杆（权益）

实战案例

海天味业

海天味业的主要业务为调味品的生产和销售，是全球调味品龙头，酱油、蚝油市占率全国第一。

杜邦分析

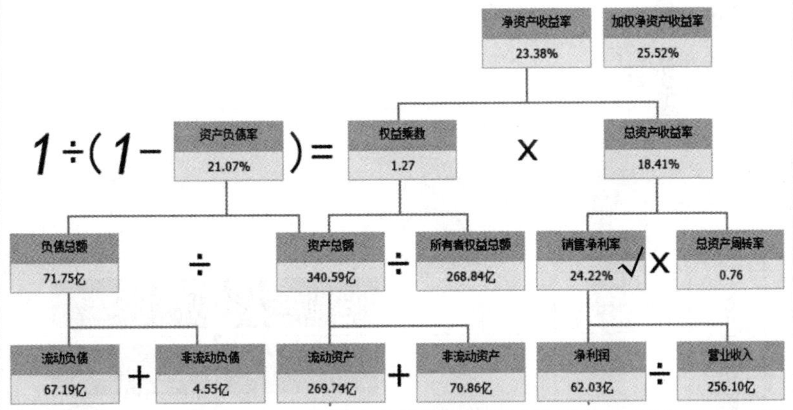

公式解读

从上述杜邦分析可以看出，该公司的净资产收益率达到了23.38%，属于较为优秀的水平。至于其发展模式，可以按照杜邦分析模型进行分析。

其权益乘数仅为1.27、总资产周转率为0.76、销售净利率达到了24.22%。对比之前的分类标准可以发现：海天味业属于典型的产品牛，即销售利润超过了20%。

三、波士顿矩阵

工具概述

波士顿矩阵是由美国波士顿咨询公司创始人布鲁斯·亨德森（Bruce Henderson）创造的，这也是其名称的由来。波士顿矩阵是一种利用矩阵对业务和产品进行分析的工具，根据市场潜力（成长性）和市场份额两个维度，区分出4种业务组合，分别是：明星型业务、问号型业务、金牛型业务和瘦狗型业务。

工具解读

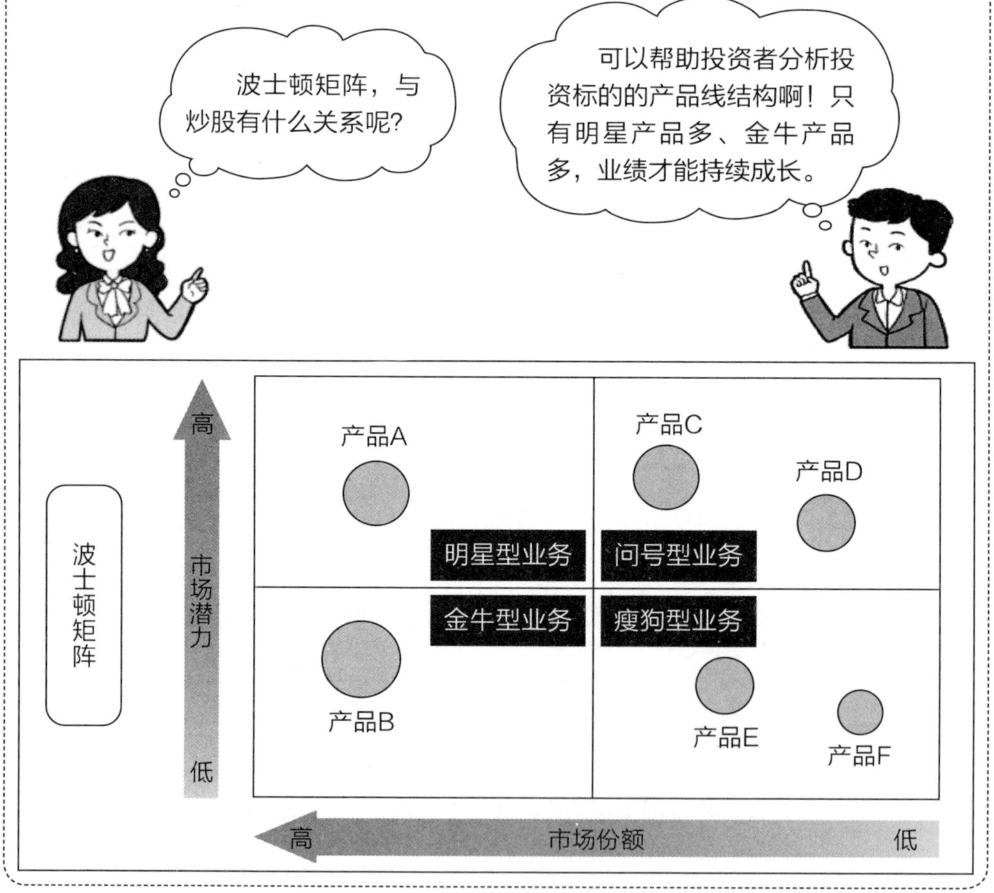

矩阵解读	市场份额高低的分界线是与行业竞争对手的对比获得的。超过竞争对手就算高，否则算低。市场潜力以10%的销售增速来判定，超过算高，否则算低。
明星型业务	明星型业务具有高增长、高市场份额的特点，这类业务是企业未来的希望。企业管理者应该对其加大投资力度以支持其快速发展，提高市场占有率，并使其最终成为金牛型业务。如果不采取发展战略，它们极有可能变成瘦狗型业务。
金牛型业务	金牛型业务具有低增长、高市场份额的特点，这类业务已经进入了成熟期，因此无须过多投资便能为企业带来丰厚的利润和资金流。对于这类业务中的市场份额已经呈现下降趋势的产品，采取收获策略，争取在短时间内获取更多的利润。而对于那些仍有增长空间的产品，则应该采取维持策略，延缓其将来的下降速度。
问号型业务	问号型业务具有高增长、低市场份额的特点，这类业务市场机会很大，但是在市场营销上存在严重的问题，因而所能带来的收益较少。最新开发的但是未能有效占领市场的产品即属于此类业务。对于这类业务，企业管理者可根据实际情况选择重点投资或是放弃。如要对其进行扶持，就要力争使其扩大市场份额，变成明星型业务。否则，将变成瘦狗型业务。
瘦狗型业务	瘦狗型业务具有低增长、低市场份额的特点，这类业务占有了企业大量的资源，却不能给企业带来什么收益，是企业中最没有前景的产品群。对于这类业务应该采用撤退战略：不断减少批量，逐步将它们淘汰掉，并将剩余资源转移到其他产品上。

该怎么用波士顿矩阵?

选股，必然要对企业的产品线进行分析。

首先，要对目标企业产品线梳理，找出贡献企业利润的核心产品。

其次，对核心产品进行归类，判断其属于哪类产品。

金牛型产品、明星产品越多的企业，业绩的增长就越有保证。

四、护城河理论

工具概述

护城河，是企业阻止竞争对手进入市场的壁垒。拥有广阔护城河的企业往往能够创造更为优秀的业绩。

护城河理论，是巴菲特非常推崇的一种理论，也是其选股的重要参照依据。巴菲特曾经不止一次地强调护城河的重要性。

工具解读

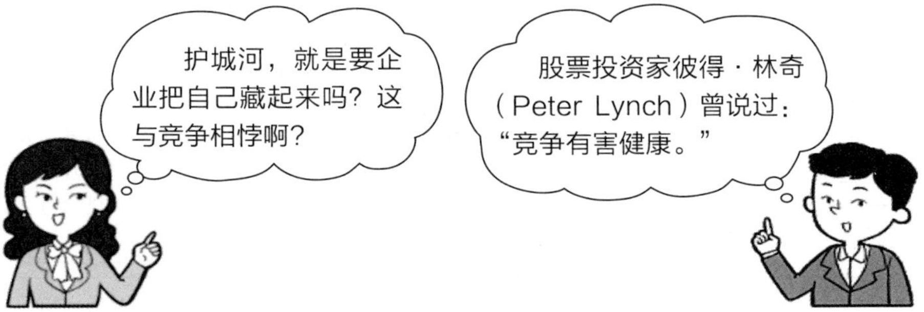

理论解读	一家企业拥有了广阔的护城河，把竞争对手隔离开来，这就可以保证企业源源不断地获得优异的业绩。当然，这种护城河必须在法律允许的范围内发挥作用，可以包括品牌、特许经营权、高技术壁垒等。

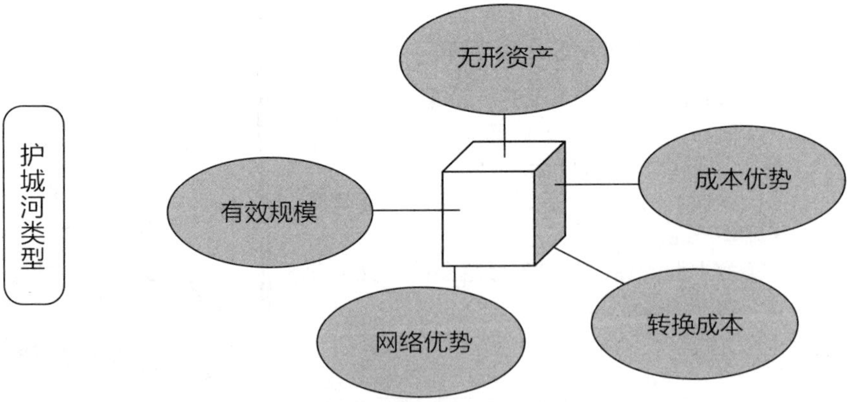

无形资产
- 强大的品牌优势
- 专利与技术壁垒
- 特许经营权

越是无形资产，越可能构筑最为强大的护城河。

成本优势
- 工艺与技术促成成本优势
- 地理位置促成成本优势
- 规模效应或独特资产的便利性促成成本优势

相对而言，基于工艺与技术方面所形成的优势应该不容易被竞争对手所模仿。

转换成本
- 通过某些特殊渠道直接锁定客户
- 通过销售系统化的产品与服务，绑定终端客户

只有当客户的转换成本高到无利可图，甚至要付出更高代价时，企业就真正地锁定了客户。

网络优势	越来越多的用户使用某种产品或服务后，该产品对新老用户来说，使用价值会进一步呈现滚动式增加，这就会使更多的用户加入其中。很多网络企业、游戏企业就是基于网络优势构建的护城河，如腾讯、抖音等。
有效规模	这并非简单的规模优势。这是一种动态的濒临盈亏平衡点的优势。现有厂商能够有效地满足下游的需求，但若有新的进入者，则整个市场将立即转入亏损水平。这也促使新进入者失去了进入市场的动力。

护城河，谁最强?

一般来说，拥有广阔护城河的企业都可能获得较高的利润。

云南白药、片仔癀、贵州茅台、中国中免……

第二节　企业财务分析指标工具

工具概述

财务分析指标，主要用于评价企业财务状况和运营成果。投资者在选股前，一般都需要对企业的基本财务指标有所了解。尽量将那些财务质量优异的企业列为投资的备选标的。

工具解读

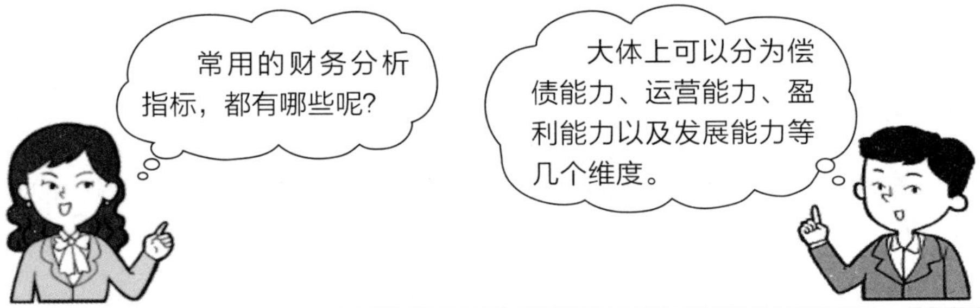

财务指标			
偿债能力	流动比率	速动比率	现金比率
	资产负债率	权益乘数	利息保障倍数
	股东权益比	现金流量比率	……
运营能力	总资产周转率	存货周转率	应收账款周转率
	固定资产周转率	流动资产周转率	
盈利能力	净资产收益率	总资产收益率	毛利率
	销售净利率	成本费用利润率	每股股利
	每股净资产	主营业务利润率	……
发展能力	营收增长率	总资产增长率	
	资本积累率		

一、净资产收益率分析

工具概述

净资产收益率又称股东权益报酬率，是净利润与平均股东权益的百分比，是公司税后利润除以净资产得到的百分比率，该指标反映股东权益的收益水平，用以衡量公司运用自有资本的效率。

工具解读

如果只能选择一个指标来衡量公司经营业绩的话，那就选择净资产收益率吧！

——沃伦·巴菲特

净资产收益率，即股东的每1块钱权益（股东投入的资本会因资本利润的变动而发生变化），一年能够带来多少钱的收益。其计算公式如下：

净资产收益率=净利润/净资产

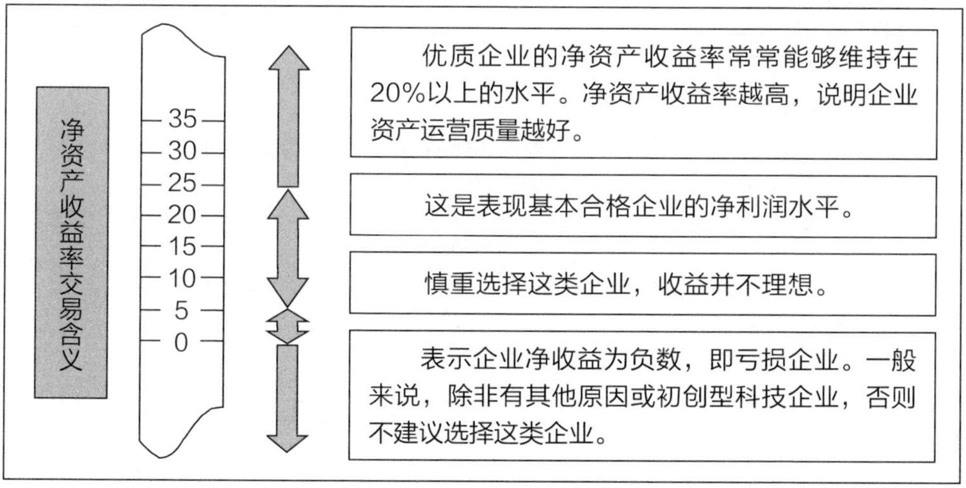

实战案例

格力电器

格力电器的主营业务包括生产销售空调器、自营空调器出口业务及其相关零配件的进出口业务。格力空调属于空调行业著名品牌。目前，在空调细分领域利润和市占率第一。

一、基本营收及财务数据

年份	2022	2021	2020	2019	2018
营收规模（亿元）	1901.5	1896.5	1705	2005	2000
净利润（亿元）	239.9	218.5	202.9	241.7	255.8
净资产收益率	24.19%	21.34%	18.88%	25.72%	33.36%
每股收益（元）	4.43	4.04	3.71	4.11	4.36

二、财务情况分析

从格力电器的营收及财务数据中可以看出以下几点。

第一，从历年营业变化可以发现，该公司最近两年的营收和净利润增速出现了萎缩，这与行业饱和度较高以及受疫情影响有关。

第二，从净资产收益率情况变化可知，最近几年的净资产收益率尽管出现了下行，但仍能保持在20%以上，这已经是一个非常优秀的水平了。

第三，受行业竞争的影响，未来该公司营收大幅增长的可能性不高，但可以继续维持稳定发展。净资产收益率保持稳定也是有可能的。

三、综合分析

综合格力电器的财务数据以及外部市场环境情况，可以做如下判断。

第一，在未来数年内，格力电器仍会是一只业绩稳定的优质白马股。

第二，从该股的净资产收益率来看，其多年保持在20%以上，这是一个十分优异的水平。从这点上来看，这也是一个值得投资的标的。

第三，该股可以列为投资的备选标的，但并不是说，投资者就应该立即买入。同时，要参考该股的股价走势，股价与内在价值的对比等。也就是说，只有股价达到比较便宜的价位时，才是较佳的入场时机。

二、营收增长率分析

工具概述

收入的增加可以为企业带来持续的利润。一家公司的规模可以小一点儿，营业收入也可以相对少一些，但营业收入增长率是不能低的。在这个充满竞争的世界，小公司只有通过快速的发展才能在竞争中取胜。也正基于这一点，大多数投资者和分析师都非常重视企业的营收增长率。

工具解读

营收增长率

营收增长率是指企业本年营业收入增加额对上年营业收入总额的比率。其计算公式如下：

营收增长率=（当期营业收入总额-上期营业收入总额）/上期营业收入总额×100%

核心维度

- 营业收入增长率的持续性和稳定性。单次的大幅增长并没有太大的意义。只有能够持续的增长才是有意义的。
- 注重与同行业企业的比较。在考虑企业营收时，要注意行业整体的发展情况。一些处于上升期的行业，企业的营收增速都可能很快，而一些夕阳产业内的营收增速则会很慢。

实战案例

立讯精密

立讯精密是以连接器产品研发、生产和销售为主要的电子消费品制造企业。目前，已经成为我国最大的连接器制造厂商，消费电子精密制造业龙头，持续渗透汽车、电子和通信业务。

一、基本营收及财务数据

年份	2022	2021	2020	2019	2018
营收规模（亿元）	2140.28	1539.46	925.01	625.16	358.5
营收增长率	39.03%	66.43%	47.96%	74.38%	57.06%
净资产收益率	29.6%	-2.14%	53.28%	73.13%	61.05%
每股收益（元）	1.29	1.01	1.03	0.68	0.51

二、财务情况分析

从立讯精密的营收及财务数据中可以看出以下几点。

第一，从历年营业变化可以发现，该公司最近几年的营收保持了较快的增长。五年时间内，连续迈过了500亿元、1000亿元、2000亿元三个门槛，由此可见，该公司发展势头非常好。

第二，从营收增速来看，该公司之前几年的营收增速一度超过了70%，2022年尽管已经出现了回落，但也有39%。结合该公司的营收规模已经达到了2000亿元，未来势必无法保持这么高的增速。

第三，从整个行业来看，近几年来，受疫情的影响，电子消费品的市场增速有所回落，这也会进一步限制该公司的营收增速。但对比同行业的其他企业，立讯精密的表现仍是首屈一指的。

三、综合分析

综合立讯精密的财务数据以及外部市场环境情况，有以下几点判断。

第一，在未来数年内，立讯精密仍会是一只营收稳定的优质白马股，但增速肯定不会这么高了。

第二，从该股的收益来看，该公司的收益情况仍是不错的，未来仍有望继续保持。

第三，总体上来说，该股是一只业绩优秀、增速较高的绩优股。价格合适时，投资者可考虑入场买入该股。

三、资产负债率分析

工具概述

了解企业的实力，更应注重其内在的实力水平，也就是资产的质量。

资产负债率又称举债经营比率，它是用以衡量企业利用债权人提供资金进行经营活动的能力，以及反映债权人发放贷款的安全程度的指标。通过将企业的负债总额与资产总额相比较，得出企业全部资产中属于负债的比率。

工具解读

资产负债率

资产负债率过高，也可能导致企业每年的利息支出增加。特别是一些资产规模较大的企业，若负债率较高，其盈利能力稍有不足，那就可能出现每年盈利不抵开支的情况。

资产负债率的计算公式如下：

资产负债率=负债总额/资产总额×100%

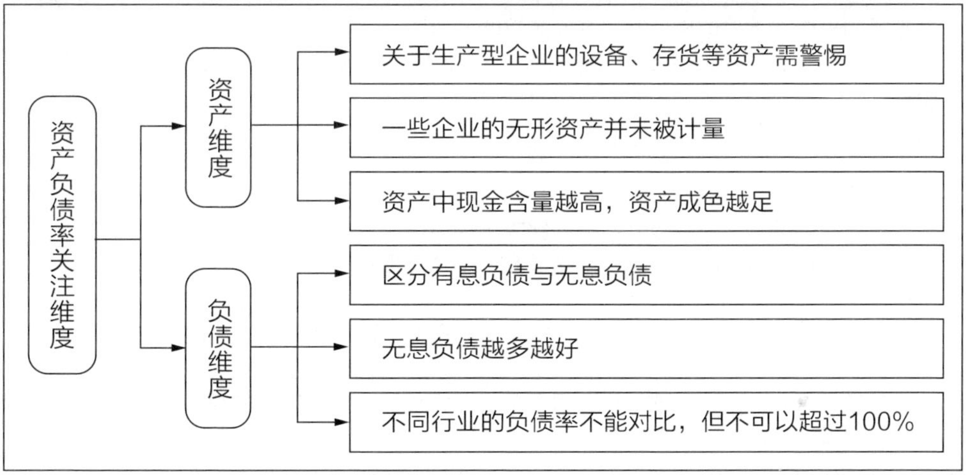

实战案例

招商银行

招商银行被认为是国内首屈一指的零售银行，也是信用卡发卡最多的银行。在银行领域，招商银行一直是行业的标杆。

一、基本营收及财务数据

年份	2022	2021	2020	2019	2018
每股收益（元）	5.26	4.61	3.79	3.62	3.13
每股净资产（元）	32.71	29.01	25.36	22.89	20.07
资产增长率	90.59%	90.64%	91.27%	91.67%	91.94%
净资产收益率	17.06%	16.96%	15.73%	16.84%	16.57%

二、财务情况分析

从招商银行的营收及财务数据中可以看出以下几点。

第一，从历年资产负债率变化可以发现该公司的资产负债率一直维持在较高的水平，达到90%以上。这与银行业的属性密切相关。毕竟银行业会靠吸收储户存款（负债），再向外发放贷款来盈利。银行想要盈利必须多放贷，而多放贷就必须多吸收存款，这样负债也必然会走高。除了银行业外，地产行业也是一个高负债行业。其他行业的负债率一般都应该控制在40%～60%的水平。负债率过低，说明企业没有很好地利用外部资金；负债率过高，则意味着企业的运营面临危险。

第二，从净资产收益率来看，招商银行的净资产收益率都保持在15%以上，这是不错的一个水平，这也说明了企业运营能力较强。

第三，无论是该股的每股收益还是每股净资产，都说明了该股属于较为优质的股票。

三、综合分析

综合招商银行的财务数据以及外部市场环境情况，可以做如下判断。

第一，招商银行的负债水平尽管较高，但毕竟属于银行业这一特殊的行业。总体上还是不会有风险的。

第二，从该股的收益来看，该公司的收益情况仍是不错的，未来仍有望继续保持。

第三，总体上来说，该股是一只不错的业绩优秀、增速较高的绩优股。价格合适时，投资者可考虑入场买入该股。

第三节　股票估值工具

工具概述

每个身处股市的投资者都想对股票的内在价值进行详细的了解，想要搞清楚一只股票到底值多少钱。然而，这却是一个仁者见仁、智者见智的问题。围绕股票估值，很多投资研究专家都给出了自己的解答，并形成了各类不同的股票估值方法。

工具解读

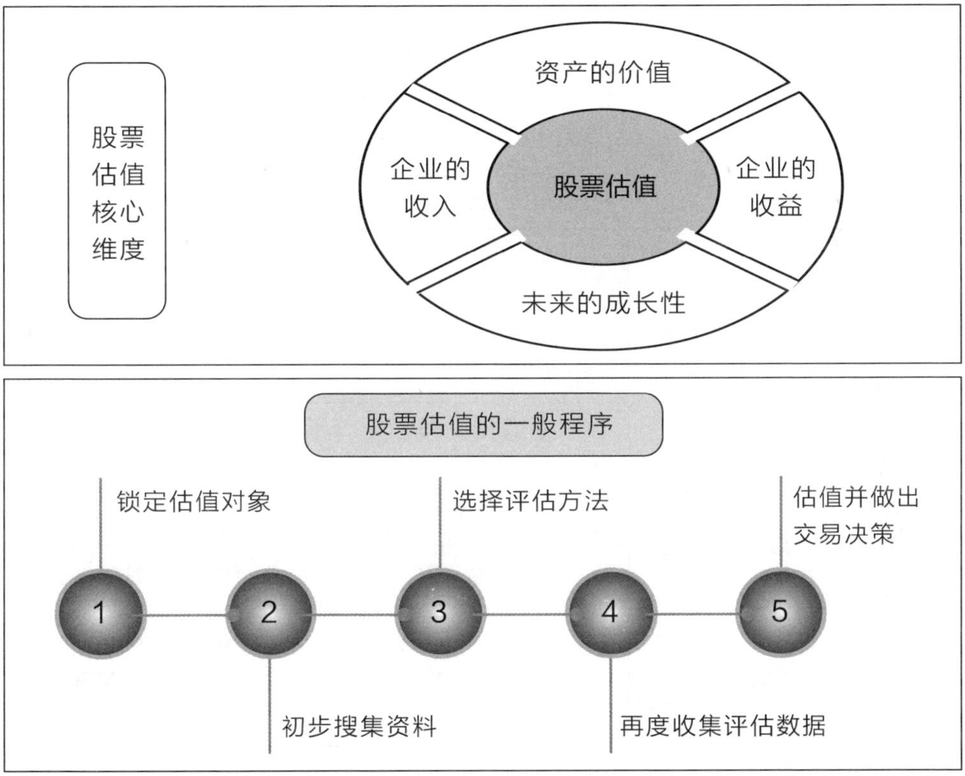

一、市盈率估值及应用

工具概述

以每股盈利数值和每股市价为核心评估，估算当前股价相对盈利存在高估还是低估，其计算公式为：

市盈率 = 股价 / 每股收益

工具解读

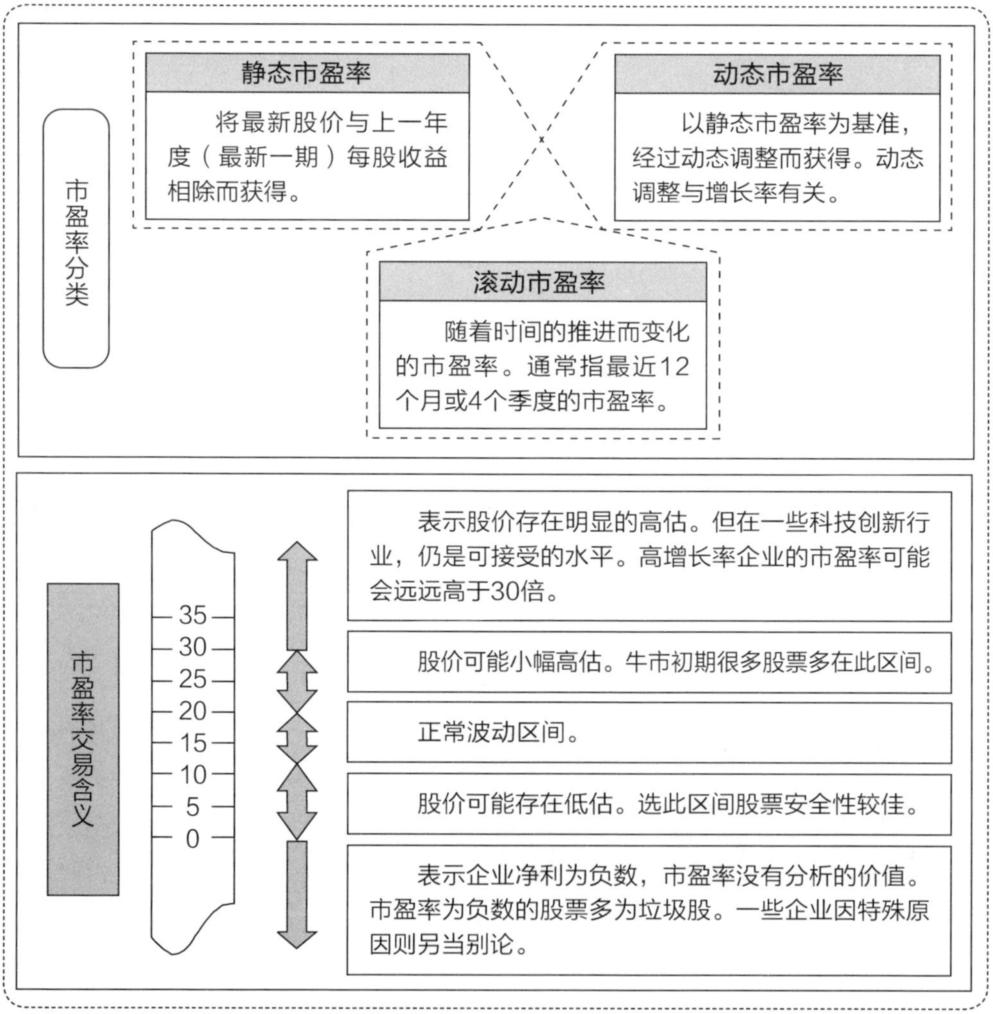

工具应用

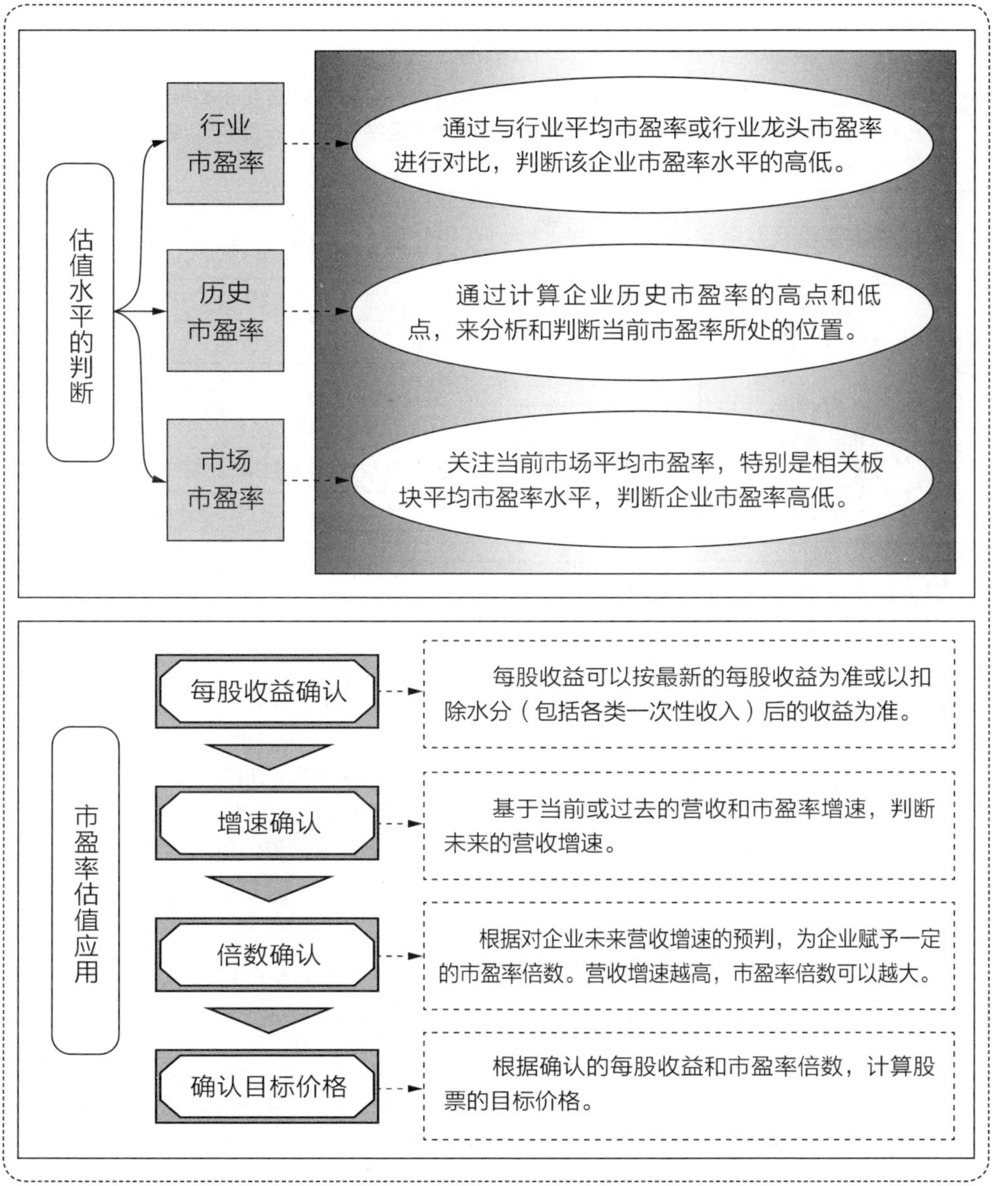
估值水平的判断
行业市盈率
通过与行业平均市盈率或行业龙头市盈率进行对比，判断该企业市盈率水平的高低。
历史市盈率
通过计算企业历史市盈率的高点和低点，来分析和判断当前市盈率所处的位置。
市场市盈率
关注当前市场平均市盈率，特别是相关板块平均市盈率水平，判断企业市盈率高低。
市盈率估值应用
每股收益确认
每股收益可以按最新的每股收益为准或以扣除水分（包括各类一次性收入）后的收益为准。
增速确认
基于当前或过去的营收和市盈率增速，判断未来的营收增速。
倍数确认
根据对企业未来营收增速的预判，为企业赋予一定的市盈率倍数。营收增速越高，市盈率倍数可以越大。
确认目标价格
根据确认的每股收益和市盈率倍数，计算股票的目标价格。

实战案例

五粮液

五粮液在整个白酒产业中处于金字塔塔尖位置。宜宾五粮液股份有限公司是以五粮液及其系列酒的生产、销售为主要产业，同时涉足多元产业，具有深厚企业文化的现代化企业集团。

一、基本营收及财务数据

近年基本财务数据表

年份	2021	2020	2019	2018	2017
每股收益（元）	6.02	5.14	4.48	3.47	2.55
净利润增长率	17.15%	14.67%	30.02%	38.36%	42.58%
营业总收入（亿元）	622.09	573.21	501.18	400.3	301.87
每股净资产（元）	25.52	22.08	19.14	16.36	14.05
净资产收益率	25.3%	24.94%	25.26%	22.8%	19.38%

二、基本财务分析

从五粮液的营收及财务数据中可以看出以下几点。

第一，在该企业的营收构成中，酒类占据绝对优势地位，超过了总营收的90%，若从利润角度来看，酒类产品更是贡献了将近100%的利润。

第二，从该企业的净利润及增速数据来看，最近几年，该公司的营收增速明显有放缓的态势，这与疫情的影响和该企业较高的市场占有率有着密切的关系。

第三，从该股的净资产收益率水平来看，该股的净资产收益率一直维持在15%以上，近年来，甚至维持在25%左右，这说明该股属于较佳的投资标的。

三、市盈率估值

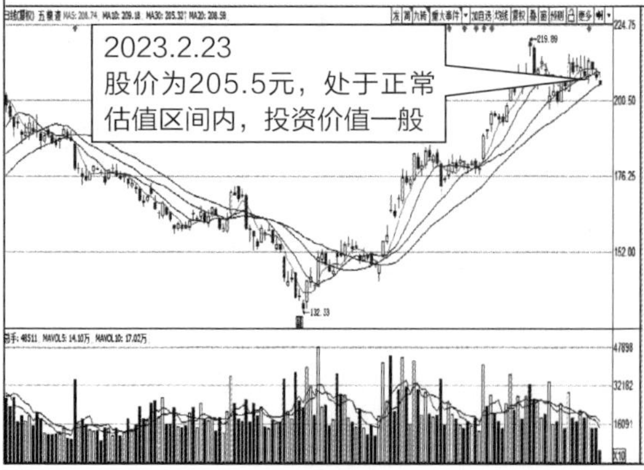

若以2021年年底的每股收益6.02元为基准，并以15%的净利润增长率计算，2022年的每股收益为6.92元；若以20%的净利润增速计算，则2022年的净利润为7.22元。

那么，对应的若以白酒行业30倍左右的市盈率计算，以该股2022年每股收益为基础计算，则合理估值为：6.92元×30=207.6元。

若以2022年的净利增速达到20%，则合理估值为：7.22元×30=216.7元。

二、市净率估值及应用

工具概述

以每股净资产数值和每股市价为核心评估，估算当前股价相对净资产存在高估还是低估，其计算公式为：

市净率 = 股价 / 每股净资产

工具解读

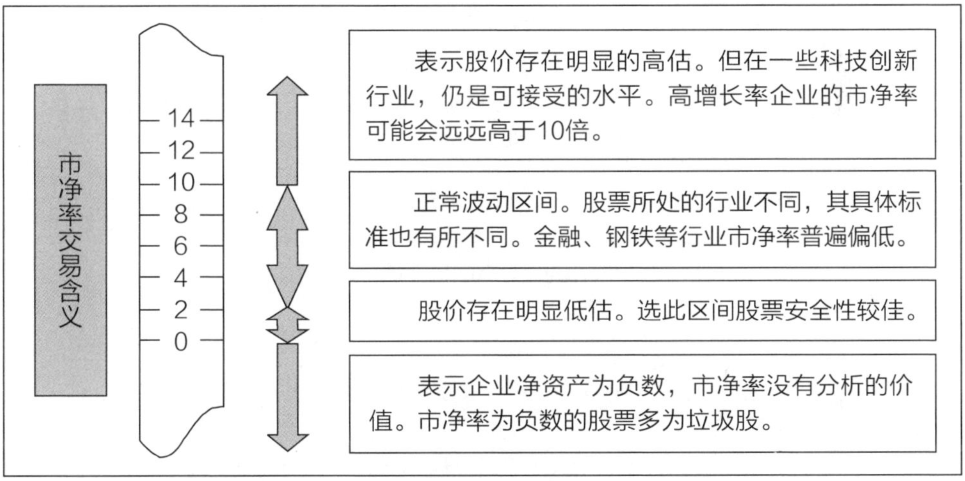

工具应用

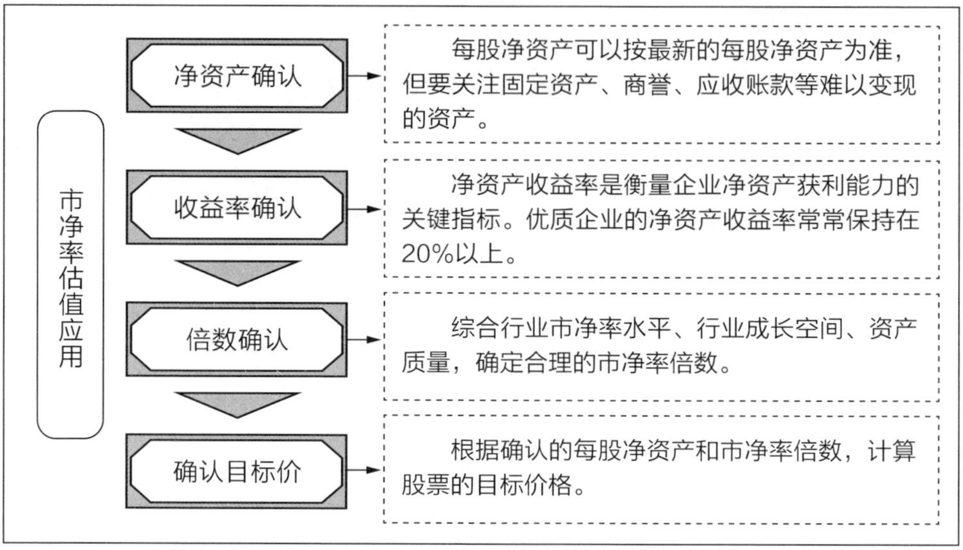
市净率估值应用
净资产确认
每股净资产可以按最新的每股净资产为准，但要关注固定资产、商誉、应收账款等难以变现的资产。
收益率确认
净资产收益率是衡量企业净资产获利能力的关键指标。优质企业的净资产收益率常常保持在20%以上。
倍数确认
综合行业市净率水平、行业成长空间、资产质量，确定合理的市净率倍数。
确认目标价
根据确认的每股净资产和市净率倍数，计算股票的目标价格。

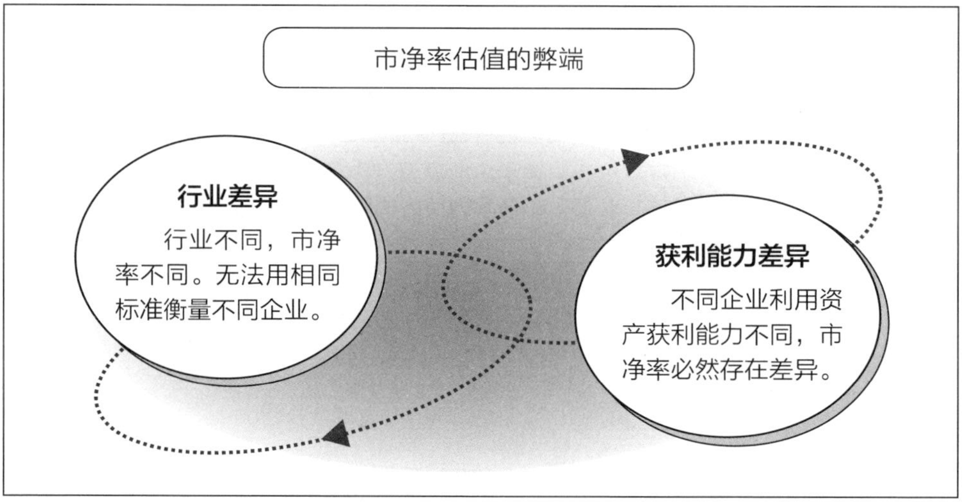
市净率估值的弊端
行业差异
行业不同，市净率不同。无法用相同标准衡量不同企业。
获利能力差异
不同企业利用资产获利能力不同，市净率必然存在差异。

实战案例

新安股份

新安股份是我国大型草甘膦生产企业，也是我国有机硅产品的两大龙头企业之一。

一、基本营收及财务数据

近年基本财务数据表

时间	2021	2020	2019	2018	2017
每股收益（元）	3.25	0.75	0.59	1.8	0.77
净利润增长率	354.6%	26.67%	-62.62%	131.5%	586.9%
营业总收入（亿元）	189.77	125.3	120.07	110.01	72.76
每股净资产（元）	10.93	7.94	8.08	8.00	6.37
净资产收益率	34.36%	9.6%	6.67%	24.38%	11.85%

二、基本财务分析

从新安股份的营收及财务数据中可以看出以下几点。

第一，在该企业的营收构成中，农化产品（以甘草磷为主）、硅基材料（有机硅类产品）占据了较大比重，若从利润角度来看，农化产品与硅基材料共同构成了新安股份利润的两大主要来源。

第二，从该企业的净利润及增速数据来看，最近几年，该公司的营收增速出现了较大的波动，这与农化产品价格不稳定有直接的关系。进入2021年后，该公司的收入与利润重新进入快车道。

第三，从该股的净资产收益率水平来看，该股的净资产收益率与利润水平同样出现了波动，但在2021年达到了34.36%的新高。这是十分出彩的一个业绩。

第四，即使从平均收益水平来看，尽管受限于行业的价格波动，但新安股份仍可看成一只较为优质的股票。

三、市净率估值

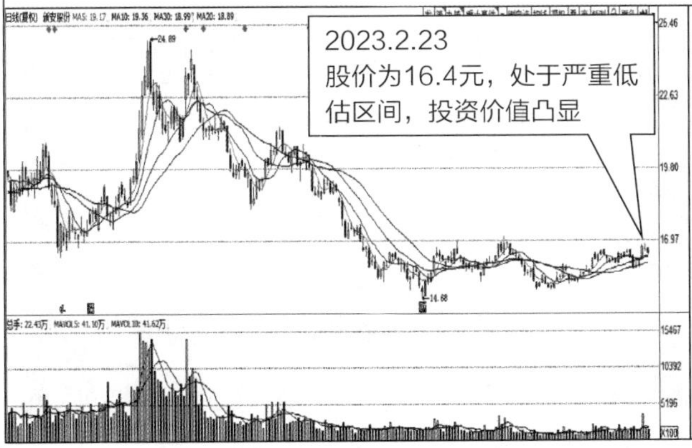

若以2021年年底的每股净资产10.93元为基准，并以最低的2倍市净率为依据，可以得出该股的预估股价为：10.93元×2=21.86元。

考虑化工行业的特殊性，3倍市净率都不算高。若以3倍市净率为依据，则可以得出该股的预估股价为：10.93元×3=32.79元。

三、市销率估值及应用

工具概述

市销率反映了投资者愿意为每 1 元营业收入支付的购买股票的成本。市销率指标对于评估一个处于成长初期的企业具有重要的价值。其计算公式为：

市销率 = 企业市值 / 企业上一年度营业收入

工具解读

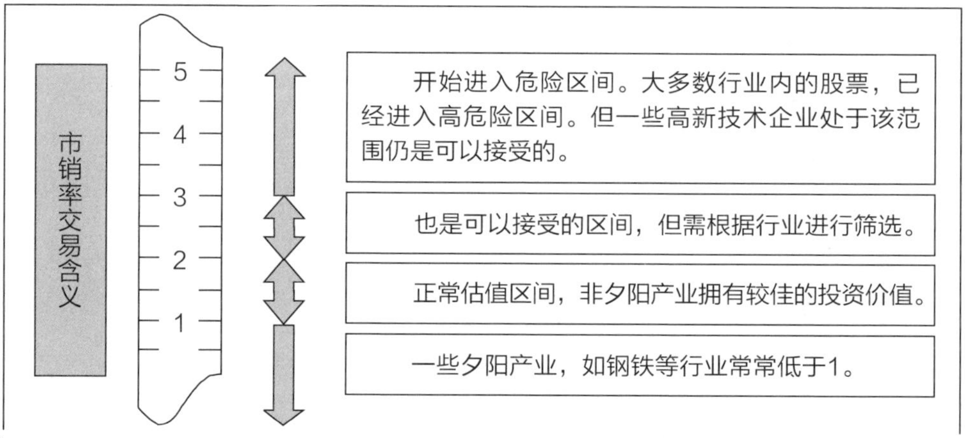

工具应用

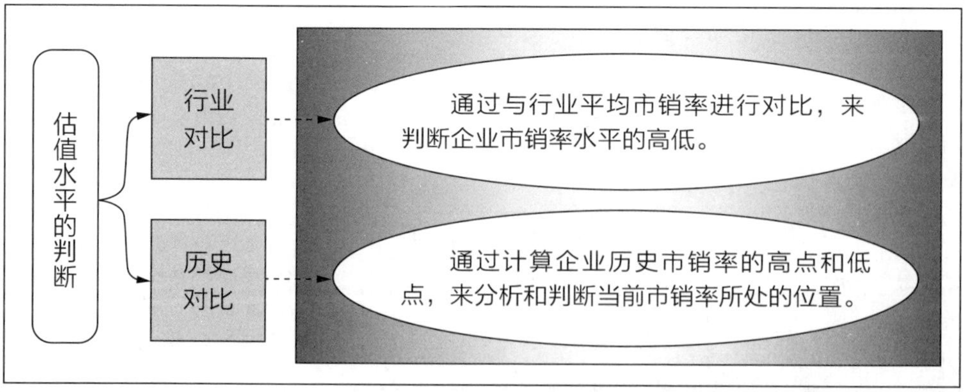

市销率估值应用

- **确认营收** → 以企业年报公布的主营业务收入为基准。
- **变量评估** → 评估企业的营收增长率、销售毛利率。这两个指标越高，就可以为企业赋予更高的市销率估值倍数。
- **倍数确认** → 综合行业市销率水平、行业成长空间、营收增速、毛利率，确定合理的市销率倍数。
- **确认目标价格** → 根据确认的企业主营业务收入和市销率倍数，计算股票的目标价格。

实战案例

小米集团

小米集团是一家专注于智能硬件和电子产品研发的企业。同时，这也是一家专注于高端智能手机、互联网电视以及智能家居生态链建设的创新型科技企业。

一、基本营收及财务数据

年份	2022	2021	2020
营业收入（亿元）	2800	3283	2459
总市值（亿元）	2729	4723	8362
营收增速	−14.7%	33.5%	19.48%
毛利率	1.55%	7.35%	8.24%

二、基本财务分析

从小米集团的营收及财务数据中可以看出以下几点。

第一，从历年营业变化可以发现，小米集团最近两年的营收出现了萎缩。

第二，从该企业的营收增速、毛利率数据来看，最近的营收增速并不理想。

第三，受整个经济环境、电子消费品市场不振的影响，未来很难再出现手机市场高速发展的情况。因此，势必对企业的估值产生一定的影响。

三、市销率估值

综合小米集团及市场环境，可以为其赋予1.5倍的市销率估值。其估值为：

总市值=2800亿元×1.5=4200亿元。

四、PEG估值法

工具概述

市盈率相对盈利增长率（PEG），是通过市盈率与盈利增长率的关系，为股票确定估值水平的一种估值方法。该指标最先由英国投资大师吉姆·斯莱特（Jim Slater）提出，后来由美国投资大师彼得·林奇（Peter Lynch）发扬光大。

其计算公式如下：

市盈率相对盈利增长率（PEG）= 市盈率 / 净利润增长率

工具解读

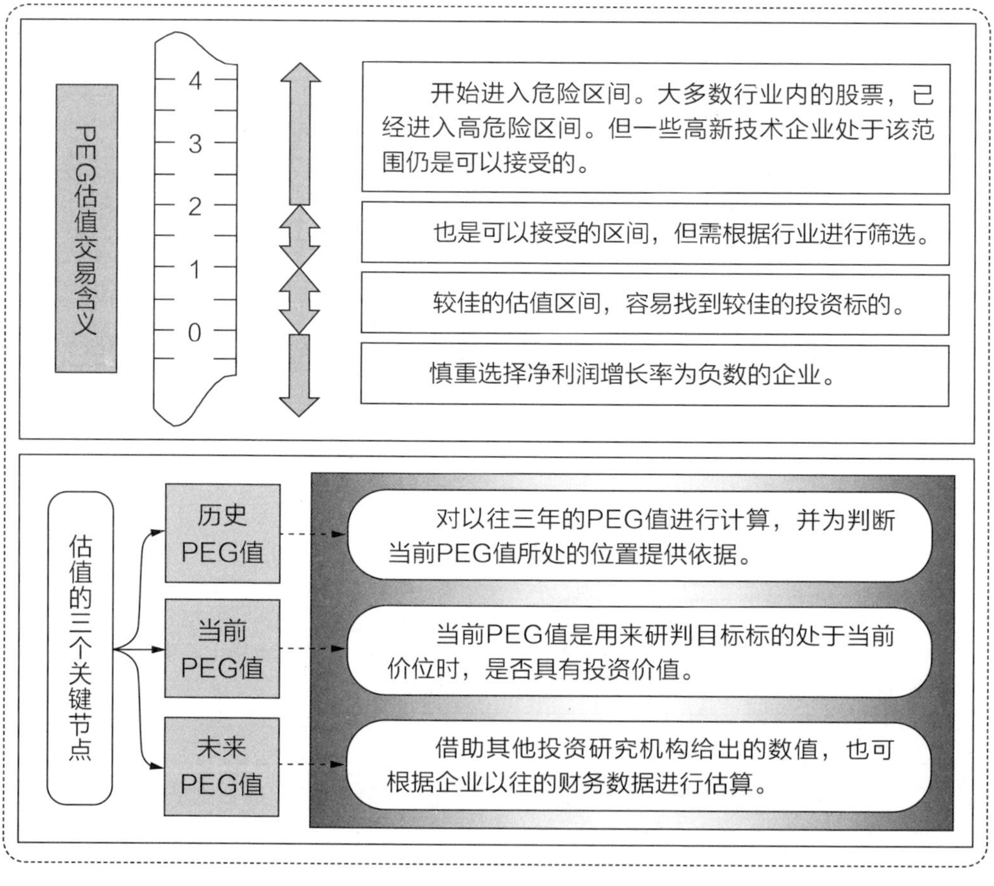

工具应用

PEG估值应用

- **确认市盈率** → 确认评估股票的市盈率，尽量不要选择市盈率为负值和市盈率过高的股票。
- **净利增速** → 不仅要看企业的净利润增长率，还要关注净利增长的质量，以主营业务收入增长带动的净利增长为最佳。
- **PEG值确认** → 结合企业历史PEG值、行业平均PEG值以及行业标杆企业的PEG值，设定目标企业的PEG值。
- **确认目标价** → 根据确认的PEG值，预估企业的市盈率。并结合企业每股收益，预测企业的目标股价。

实战案例

中科曙光

中科曙光是一家典型的高科技企业，也是高产高性能计算机的龙头企业。连续多年处于高性能计算机产品国内市场占有率第一名的位置。

一、基本营收及财务数据

时间	2022	2021	2020
每股收益（元）	1.06	0.81	0.62
净利润增长率	31.27%	43.05%	38.53%
营业总收入（亿元）	130.08	112.69	101.6
每股净资产（元）	11.62	8.66	8.02
净资产收益率	10.21%	9.55%	12.48%

二、财务情况分析

从中科曙光的营收及财务数据中可以看出以下几点。

第一，从历年营业变化可以发现，该公司最近两年的营收和净利润保持了稳定快速的增长。

第二，随着科技竞争的加剧，该公司的产品将会拥有更为广阔的舞台，对该公司未来的发展依然十分看好。

第三，受行业特征的影响，可能该公司的净资产收益率仍不会太高，但毕竟该公司属于高科技行业中比较特殊的存在。该公司也值得更高的估值。

三、PEG估值

综合中科曙光过去三年的收益及市场环境，可以先确定其过去三年的PEG最高点和最低点，其关键节点的PEG值如下。

从右图看出，该股PEG值的波动范围较小。从0.58到1.85不等，其中股价与市盈率均创新高的2023年6月中旬，PEG值达到了最高值，这说明此时股价可能存在明显的高估。

时间	2023.6.19	2022.12.30	2022.10.11	2021.12.31	2020.12.31
股价（元）	61.2	21.92	20.06	27.19	33.71
每股收益（元）	1.06（2022）	1.06	0.81（2021）	0.81	0.62
市盈率	57.74	20.68	24.77	33.57	54.37
盈利增长率（元）	31.27	31.27	43.05	43.05	38.53
PEG值	1.85	0.66	0.58	0.78	1.41

若该股未来的净利增速能够保持在30%以上（以30%为基准），那么，其下一年度的每股收益为：1.06元×（1+30%）≈1.38元。

PEG值设定在1的水平（毕竟净资产收益率并不高），其市盈率与净资产收益率同步，则预期市盈率为30倍左右。预测的该股股价为：1.38元×30=41.4元。

五、金鹅估值法

工具概述

金鹅估值法的核心理念：一家好公司的股票价格应该等于 N 年后公司的净资产价值。

一家优质的公司就像一只金鹅，每年都会以固定的比率增重。现在购买它所支付的合理价格，就应该是 N 年后，它的真实价值。

工具解读

金鹅估值法基本的计算公式及解读

金鹅估值法计量的企业合理市值：当前净资产×（1+ROC）^{N}。

ROC为企业的净资产收益率，N为“固定年限（7）+调整年限”。

在金鹅估值法中，调整年限系数有两种：其一，成长性；其二，护城河。

即成长性越高、护城河越宽的企业，理应获得更高年限的资产增值。也就是说，投资者需要为这类企业支付更高的价格。

金鹅估值法的参数

过滤器：净资产收益率低于10%的企业不适用该估值模型。

成长性加成	护城河加成
近5年净利润增长率＞20%，N+2 近5年净利润增长率5%～20%，N+1 近5年净利润增长率＜5%，N-1	强护城河，N+2 弱护城河，N+1 无护城河，N+0 负护城河，N−1

实战案例

五粮液

五粮液与贵州茅台一样，在整个白酒产业中处于金字塔塔尖位置。宜宾五粮液股份有限公司是以五粮液及其系列酒的生产、销售为主要产业，同时生产经营精密塑胶制品、大中小高精尖注射和冲压模具现代制造产业，以及生物工程为发展产业，药业工业、印刷业、电子器件产业、物流运输和相关的服务业的具有深厚企业文化的现代化企业集团。

一、基本财务数据分析

年份	2022	2021	2020	2019	2018
每股收益（元）	6.88	6.02	5.14	4.48	3.47
净利润增长率	14.17%	17.15%	14.67%	30.02%	38.36%
营业总收入（亿元）	739.69	662.09	573.21	501.08	400.3
每股净资产（元）	29.38	25.52	22.08	19.14	16.36
净资产收益率	25.28%	25.3%	24.94%	25.26%	22.8%

二、财务情况分析

从五粮液的营收及财务数据中可以看出以下几点。

第一，从历年的净资产收益率来看，最近几年都维持在25%左右的水平，这是非常优秀的表现。

第二，从净利润增长率来看，最近几年的增速并不高，已经降至15%以内了，这与该公司处于较为成熟的行业有关。这也就意味着，成长性不太强。对比成长性加成只能得到“1”。

第三，该公司独家拥有“五粮液”这一白酒行业中的金字招牌，其护城河加成可以得到“2”。

三、估值分析

按照金鹅估值法可以对五粮液进行如下估值计算：

合理市值=当前净资产×（1+ROC）^{N}

其中，ROC选择最新一期的净资产收益率，取25%比较合适。

N=固定数值（7）+成长加成（1）+护城河加成（2）=10

当前净资产：可以用每股净资产（29.38元）×股本数（38.82亿元）=1140.53亿元。

也可以直接用每股净资产（29.38元）这样计算出来的结果就是每股股价，而非整个公司的市值了。

总市值=1140.53亿元×（1+25%）^{10}=10622亿元

每股股价=总市值/股本数=10622亿元/38.82亿元=273.62元（用每股净资产直接计算出的每股股价与此相同）

273.62元，就是通过金鹅估值法获得预估股价。结合当前股价就可以判断该股有无投资价值了。

第六章
股票交易理论与战术工具

第一节　股票交易理论工具

工具概述

自从有了证券交易，就有很多投资研究者致力于寻找或发现能够指导交易或者揭示交易背后逻辑的理论与方法。随着证券市场的不断发展，这些理论也不断推陈出新，并且演化至今。很多证券投资理论自发明至今，一直在证券市场发挥着巨大的影响力，未来还可能继续如此。

工具解读

一、道氏理论

工具概述

在目前的证券投资领域，查尔斯·亨利·道（Charles Henry Dow）所提出的道氏理论被认为是所有技术分析的鼻祖。查尔斯·亨利·道是道琼斯公司的创始人之一，也是《华尔街日报》的创办者之一。他的关于股票投资的文章，都发表在《华尔街日报》上，而这些文章也是今天所学习的道氏理论的最初来源。

工具解读

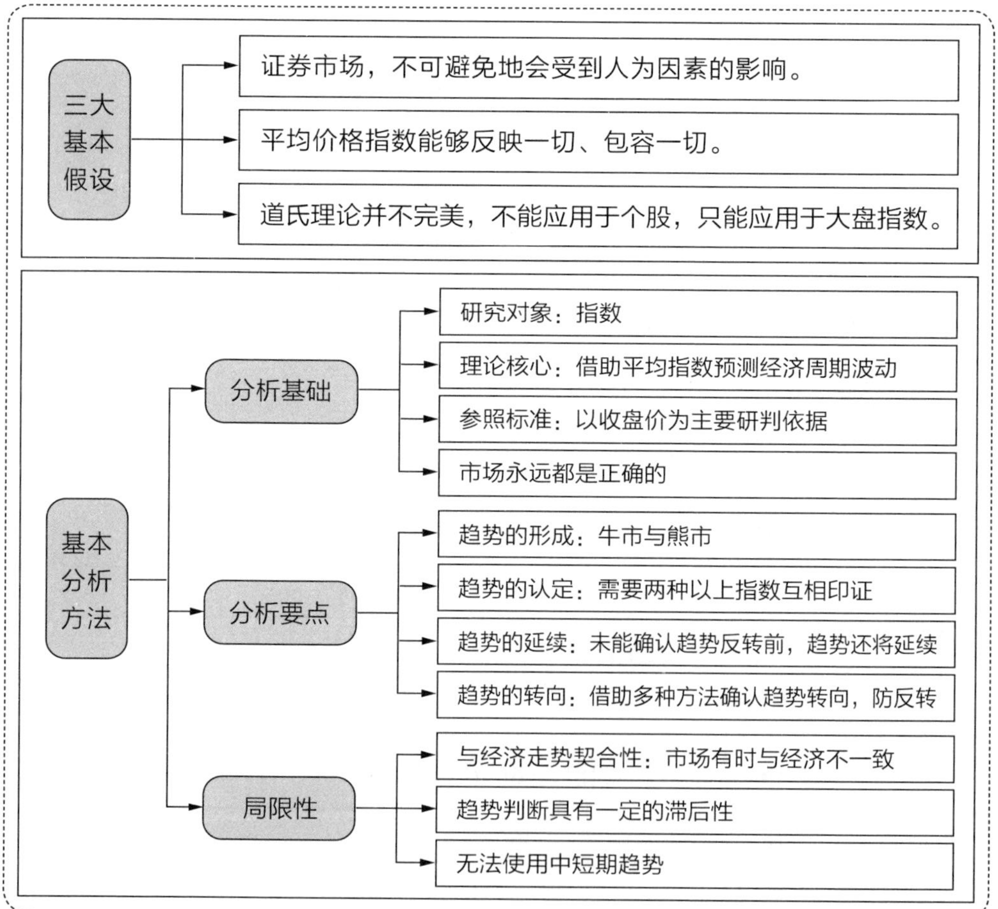

道氏理论的核心：三大运动

三大运动

- **主要运动**：主要运动决定了市场上大多数股票价格的运动方向，与经济基本面密切相关，主要分为牛市运动和熊市运动。
- **次级运动**：与主要运动方向相反，运动时间和幅度均小于主要运动，是对主要运动的一种修正。
- **日间波动**：股价或指数日内或几个交易日内的运动，是最容易被人为控制的一种运动。

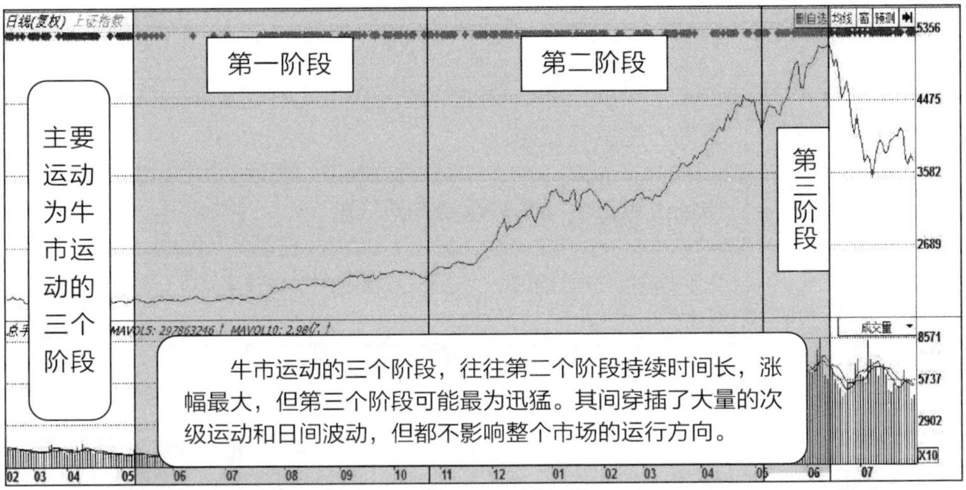

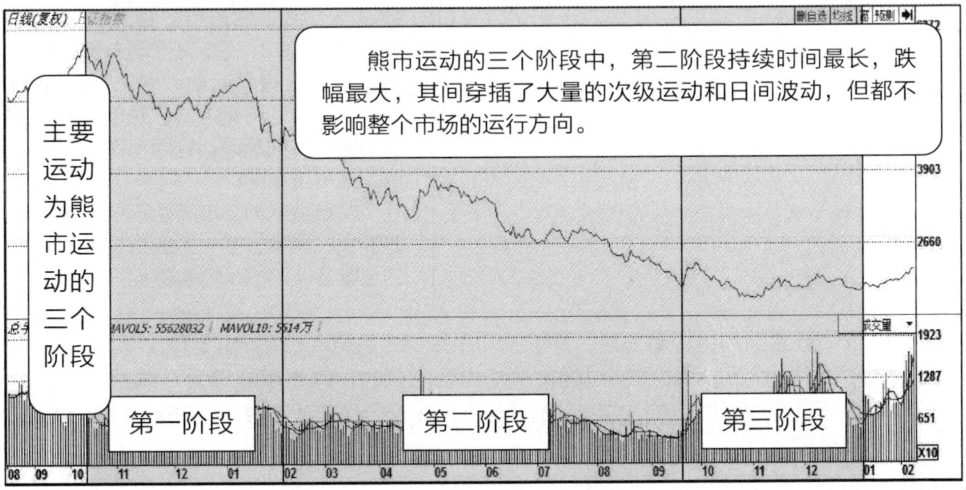

二、波浪理论

工具概述

波浪理论又称艾略特波浪理论，是由美国证券分析家拉尔夫·纳尔逊·艾略特（Ralph Nelson Elliott）在总结前人经验的基础上，利用道琼斯工业指数平均线作为研究工具，不断创新提出来的一套市场分析理论。艾略特是第一个系统提出波浪理论的人，他所提出的波浪理论对投资者系统而全面地探索股指、股价波动有重要的指导意义。

工具解读

遵循基本原理

- 世间万物皆有规律。
- 市场或股价会向趋势运动方向行进。
- 作用力与反作用力原理，力都是成对出现的，有作用力就会有反作用力。

波浪的基本结构

基本模式

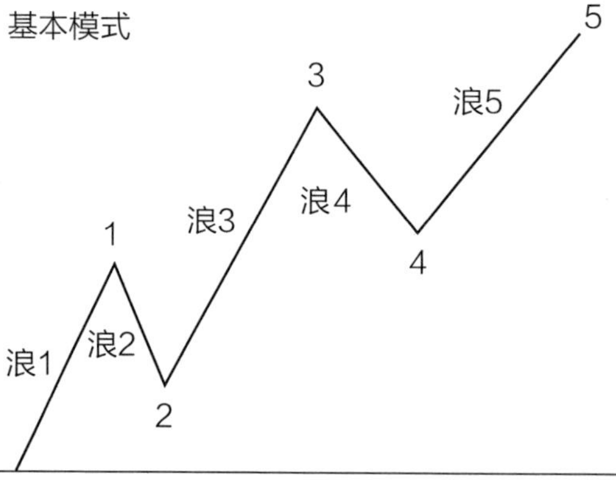

艾略在总结前人经验的基础上得出，在各种市场中，价格前进一般都会沿着五浪结构进行。在这五浪当中，浪1、浪3、浪5是推动向前运行的，被称为有向运动；浪2、浪4是休整浪，是逆向运行的。对于将要发生的整个有向运动，这两个逆向休整浪是必不可少的。

艾略特认为，市场永远处于这个五浪模式当中，唯一的区别是，五浪的位置及波浪的长短各不相同。

在这个五浪结构中，有三浪，即浪1、浪3、浪5是驱动价格向前运行，其作用也被称为“驱动的”；浪2、浪4是促使价格出现回调的，其作用被称为“调整的”。这个五浪模式反映了股价的一次前进过程。同时，这五个波浪也共同构成了更大一级波浪的某个波浪。

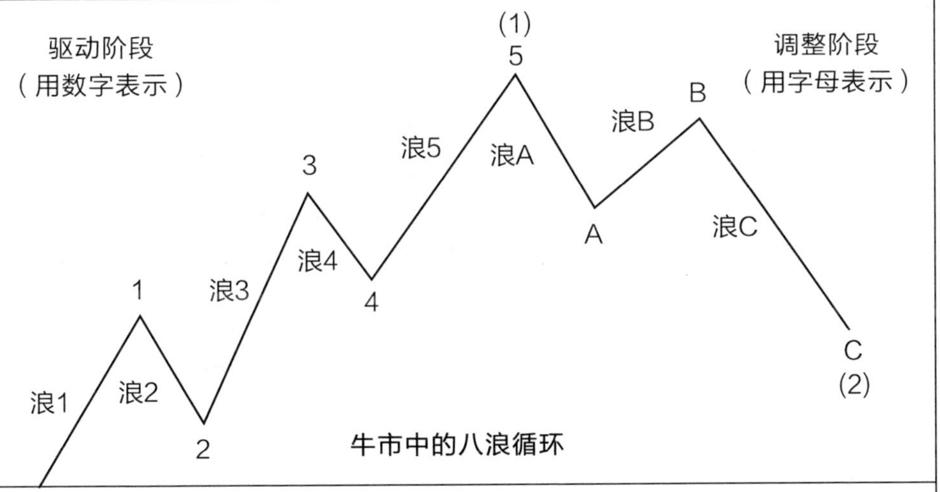

有驱动前进的，就会有调整的，也就是说，五浪模式不是最终的归宿，八浪循环才是一个完整的系统。在一个完整的八浪循环中，波浪共分为两个阶段：一是五浪驱动阶段，即前面所提的五浪结构；二是三浪调整阶段。

驱动阶段的五浪全部用数字表示，即浪1、浪2、浪3、浪4、浪5；调整阶段的三浪全部用字母表示，即浪A、浪B、浪C。

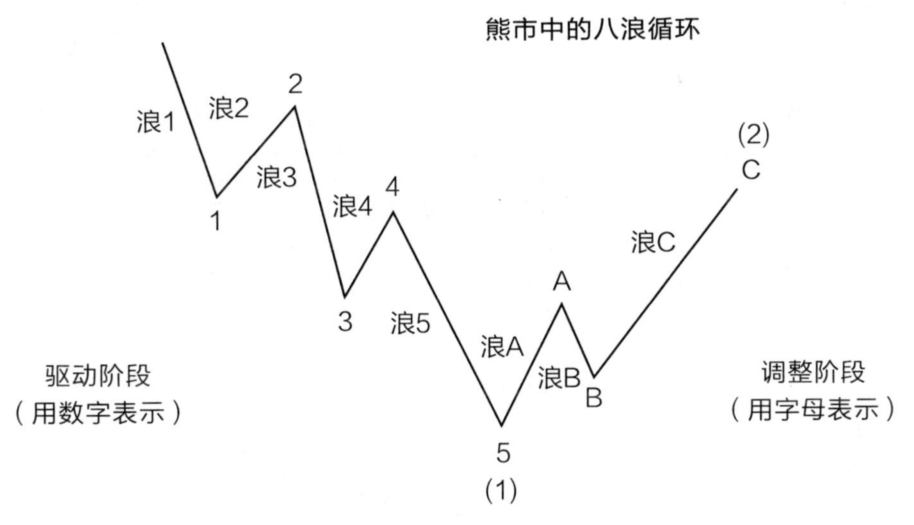

熊市中的八浪循环与牛市的八浪循环正相反。八浪循环中的每一个波浪也可以细分为五浪驱动结构或三浪调整结构。总之波浪循环其实是无止境的，只要股市还继续存在，那么，更大规模的浪级就一直在发展和延续。

三、价值投资理论

工具概述

价值投资，是一种基于股票价值的投资活动。这里的价值，并不只是股票本身的内在价值，而是股票的投资价值。股票的投资价值涵盖了股票的内在价值以及未来的发展潜力、市场供需等因素。本杰明·格雷厄姆（Benjamin Graham）是价值投资理论的奠基者，而沃伦·巴菲特则将价值投资理论发扬光大。

工具解读

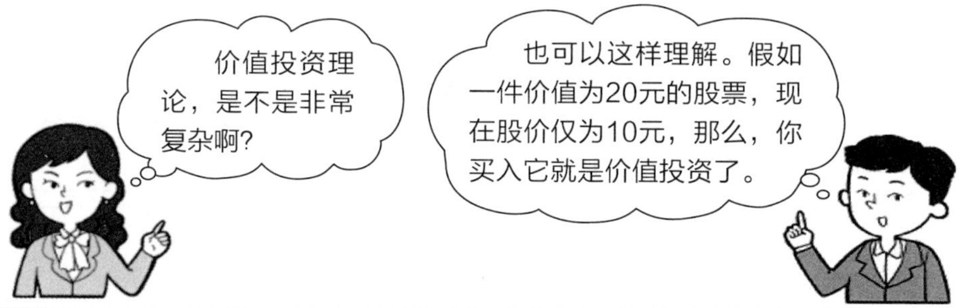

解读	价值投资理论，可以用最通俗的话来理解，即用最少的代价获得最优质的资产。但是，这里就涉及资产价值衡量的问题了。上市公司的资产如何计量才是最准确的。用净资产去衡量？那么，那些重资产企业，如钢铁、银行等企业无疑都是非常优质的投资标的。事实上，这肯定是不全面的。很多价值投资的理论其实都在研究如何衡量企业的资产，如何选择优质企业。

四大基本原则

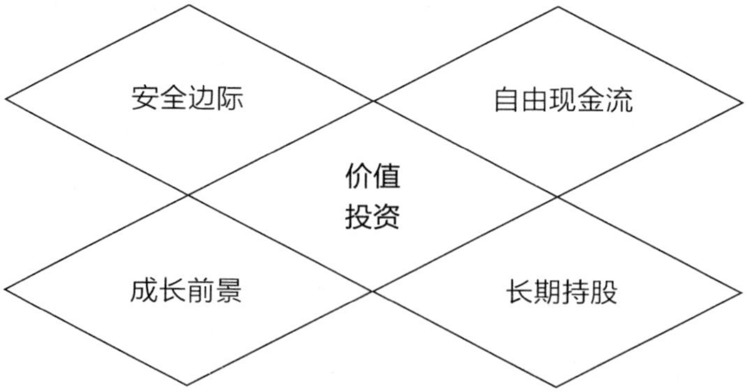

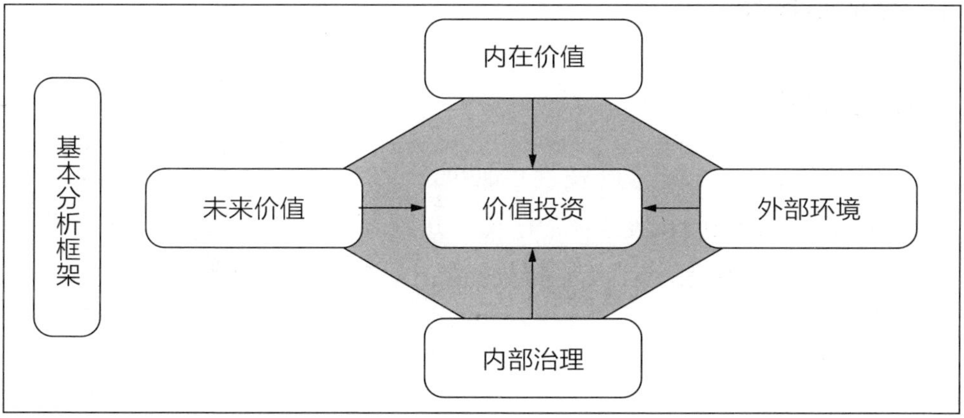

内在价值

只有确认了一只股票的内在价值，才能去寻找交易的安全边际，确认某只股票到底值不值得投资。

在格雷厄姆创立价值投资时，就开始建立了一套分析股票内在价值的方法，包括对企业自身资产、分红或股息、盈利、资产结构等方面进行分析，以确认股票的内在价值。

时至今日，内在价值的计量方法已有所改进，但最根本的思想基础没有改变，即准确地计量股票内在的真实价值。

未来价值

价值投资属于典型的长线投资活动，因而，企业未来的发展，未来的价值也是关注的领域。因此，那些濒临淘汰的夕阳产业很可能无法进入价值投资的范畴。针对未来价值的分析和研判主要围绕企业的核心竞争优势、持续不断的盈利能力、成长潜力等维度展开。

内部治理	卓越的管理层	公司治理结构、高层稳定性、诚实的管理层等。
	内控体系	内部控制规范性、违规情况等。
外部环境	潜力行业	找寻最具发展潜力的行业，如消费、医疗、健康等。
	行业发展阶段	尽量寻找那些仍处于上升期的行业。

四、成长股理论

工具概述

成长股，即具有高成长性的股票。菲利普·A·费雪（Philip A. Fisher）长期关注成长股选择的研究，并提出了著名的成长股选择标准。这些标准已经成为股票投资者选择成长股时最主要的参照标准。

工具解读

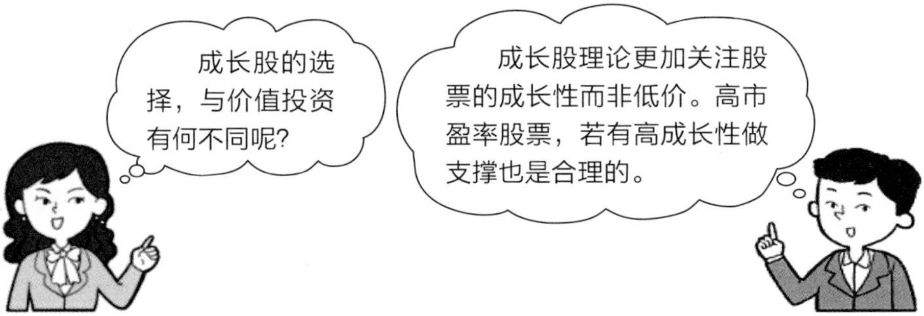

解读	菲利普·A·费雪的投资风格与格雷厄姆有很大的不同。在费雪来看，一只股票的市盈率高必然有其背后的原因。从当前的股票价格来看，可能显得市盈率过高了，但其背后肯定有支撑其高市盈率的原因，未来，若该企业的经营业绩持续走高，那么，当前的高市盈率就不再高了。

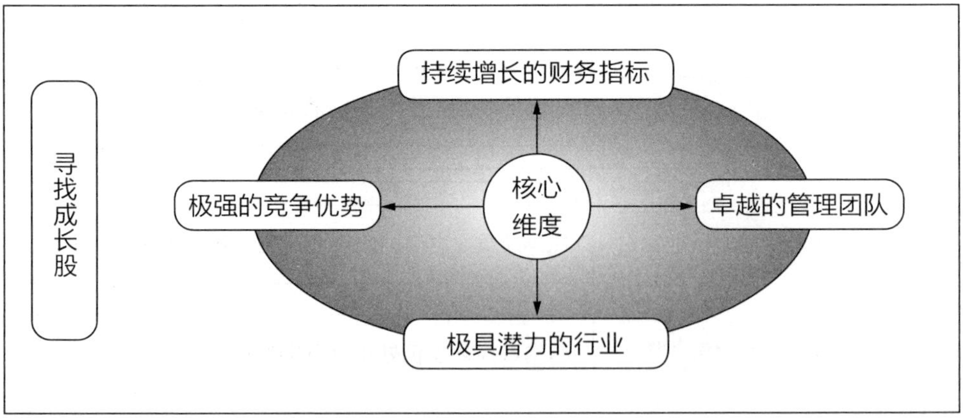

成长股选择十五项原则

第1项：是否有足够潜能的产品或服务支撑业绩增长？
第2项：是否有继续增加产能或销量的方法或产品？
第3项：考虑规模因素，企业在研发方面的投入是否有效？
第4项：企业是否拥有高水平的销售团队？
第5项：是否具备有价值的利润率？
第6项：企业为维持和增加利润率做了哪些努力？
第7项：企业是否具备出色的人事和劳务关系？
第8项：是否具备出色的行政关系？
第9项：企业的管理架构是否合理、有效？
第10项：企业内控系统是否运作良好？
第11项：提升核心竞争力方面，企业还有哪些具体的措施？
第12项：企业是否有更好的短期或长期利润前景？
第13项：未来，企业是否需要股权融资？由此带来的股东利润稀释需要多久才能抵消？
第14项：企业是否拥有坦率且愿意与投资者沟通的管理层？
第15项：企业的管理层是否足够诚实？

五、祖鲁法则与PEG

工具概述

祖鲁法则，也是关于选择成长股的一个技术工具。由著名的英国投资专家吉姆·斯莱特（Jim Slater）发明。他在《祖鲁法则》一书中提出了选择成长股的七大法则，其中提及的 PEG 估值法更是目前应用非常广泛的一种选股工具。

工具解读

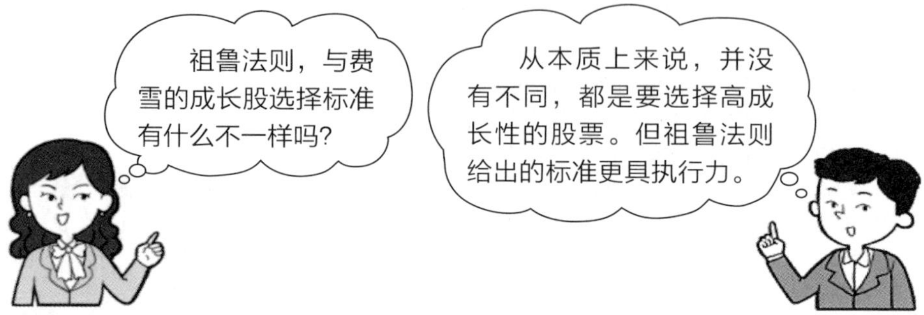

解读	祖鲁法则，强调在投资市场居于弱势的散户，必须像祖鲁族一样，集中火力在自己选定的方向，这样才能发挥优势，并进而打败主力，赚取超额报酬。 选股方法就是强调“聚焦”“小型股”的策略，寻找获利上升的中小型公司，以及净资产收益率和成长预测皆超出平均水平的股票。

七大标准

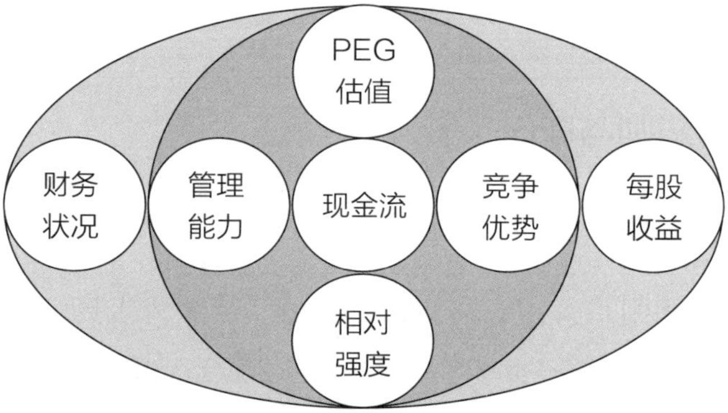

PEG估值	该方法是目前非常流行的股票估值方法。我们已在股票估值工具中进行过介绍。
现金流	现金流，是一种比收益更难以伪造的数据。强大的现金流可以确保企业未来的投资、偿债、派发红利以及回购股票等需要。每股现金含量高于每股收益的企业，意味着拥有更强的现金流。

相对强度	即股价走势相对于大盘指数或同类指数的强势程度。强者恒强，过去走势较强的，未来继续走强的概率很高。投资者可通过将过去12个月的股票走势与大盘指数或同类指数的K线走势进行对比。涨幅超过大盘或同类指数越多越好。
管理能力	可以通过每股收益增长率来判断企业管理层的经营管理能力。同时，管理层的稳定性、管理团队是否有减持行为、违规行为等，也可以用于评价企业的管理能力。

竞争优势

- 顶尖的品牌价值
- 专利或版权
- 合法的垄断
- 某一行业内拥有支配地位
- 某一市场内提供专有服务

> 对于一家企业最真实的考验，就是一名竞争者可以造成多大的伤害，即使他们在回报方面很无知。
>
> ——沃伦·巴菲特

财务状况

核心财务指标	资产负债率是核心指标。企业的资产负债率不宜超过50%。
辅助财务工具	包括速动比率、流动比率、利息保障倍数、股利保障倍数等。

每股收益	每股收益以及每股收益的增长情况，是评价一个企业运营绩效的核心指标。当然，投资者也可以通过阅读投资研究机构的报告来查阅这些机构为企业所做的未来每股收益的预测数据。当然，这些数据有时并不准确，但也可以为投资者提供一个参考。

第二节　股票交易战术工具

工具概述

实战交易过程中，对股票的选择、组合策略以及交易策略都有很高的要求。特别是作为新手投资者更应该及早确立自己的交易战术和交易策略。同时，在没有形成投资风格前，不宜进行大仓位的投资。

工具解读

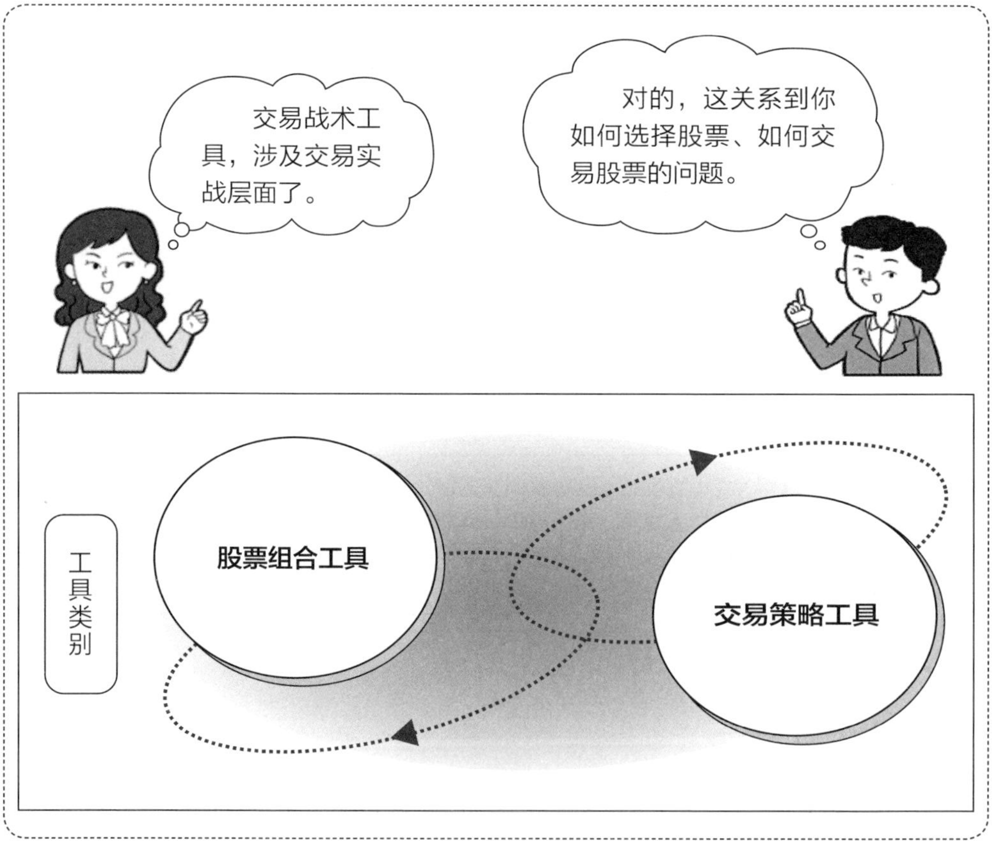

一、烟蒂模型策略

工具概述

花最少的钱，买入最优秀的股票，这是很多投资者梦寐以求的。因此，很多投资者都在试图寻找能够选择低价优质股票的组合策略。烟蒂模型就是其中比较有代表性的一种。

工具解读

烟蒂投资模型

这是格雷厄姆最为人所熟知的投资法则。它的原理是买市值低于净有形资产三分之二的公司股票，甚至只买市值低于净运营资产三分之二的股票。

引入A股市场后，该理论模型可进行适当调整，具体选股标准为：

第一，股息率3%以上。

第二，市值最好在500亿元以内。

第三，市净率在1.5倍以下。但不能选择市净率从来没有突破2倍的股票。

第四，净资产收益率在15%以上。

模型解读	寻找低价优质股，是这个模型的核心精髓所在。事实上，在A股市场上，有很多常年处于破净区间的股票，如银行股、钢铁股等。这些股票的业绩不能说不好，但就是不涨。投资者也很难等到这些股票涨起来，因此，我们设置烟蒂组合模型时，特意加入了第二条和第三条。

实施步骤

步骤	说明
筛选合规股票	从市场筛选符合四个指标维度要求的股票。
剔除不良品种	剔除近期有违规、违反行为的企业或者有其他不佳行为的企业。
选择高性价比的股票	筛选后的股票中，选出最佳的股票三到五只。

案例分析

投资者可按照烟蒂模型的具体标准，逐层筛选符合要求的股票。当然，市场上的股票有很多，一只一只筛选肯定比较麻烦。可以考虑通过借助股票交易软件的筛选股票功能来帮助筛选。也可以先对感兴趣的领域或板块进行筛选来寻找符合要求的股票。

案例解读

下表为按照烟蒂模型筛选出的几只股票。表中数据都是截至2023年6月30日的数据。从市场情况来看，整体上市值都不算高，最高的鲁西化工也才刚过200亿元。这些股票还有以下几个特点。

第一，从大类上看，从属于化工板块。这与整个化工板块大环境不佳有直接的关系。同时，化工板块本身属于周期性行业，这都有一定的关系。

第二，从净资产收益率来看，整体收益水平都比较高，而且这些股票的股息率也都非常不错。

第三，若投资者想要建立投资组合，从下表中选择几只即可。

股票名称	股息率	市净率	总市值	净资产收益率
新安股份	6.89%	1.07	124.66亿元	29%
金禾实业	3.7%	1.87	133.05亿元	27%
鲁西化工	6.15%	1.15	203.2亿元	17.83%
兰花创科	12.26%	0.74	120.89亿元	22.57%
昊华能源	5.88%	0.76	83.23亿元	13.36%
山西焦化	3.89%	0.87	131.69亿元	19.44

二、白马股组合策略

工具概述

白马股，也就是绩优股，是指企业业绩优良的股票，通常每股收益和净资产收益率连续几年处于行业领先地位。绩优股一般不会暴涨暴跌，只会在平稳中不断上涨，比较适合中长线投资。

工具解读

白马股组合策略

即低价买入优质股票的策略。这是巴菲特、芒格等股市大咖最喜欢使用的一种策略。

具体选股标准：

第一，连续5到7年净资产收益率保持在15%以上。

第二，上市时间在5年以上。

第三，市净率、市盈率在50%分位点以内。

第四，剔除周期股和基本面开始转坏的股票。

策略解读	白马股，并不等同于简单的某一个季度业绩优良的股票，很多周期股在周期来临时，可能业绩超高，但周期过后又陷入了困境。白马股多是一些经过时间检验的，在很长的时间内业绩一直保持优秀的股票（要求连续5年以上净资产收益率保持在15%以上就是这个原因）。一般来说，这类股票由于本身质地较佳，股价往往也比较高。投资者在选股时，要尽量选择其股价到达低位或相对低位时再入场买入。

实施步骤		
	筛选合规股票	从净资产收益率、市盈率、市净率等维度筛选股票
	剔除不良品种	剔除周期股、业绩开始下滑股以及有违规行为的股票
	选择高性价比的股票	尽量选择市盈率、市净率相对较低的股票

案例分析

白马股组合筛选股票

投资者可按照白马股选股的具体标准，逐层筛选符合要求的股票。白马股分布的范围比较广，可能各个板块或行业都有分布。可以考虑通过借助股票交易软件的筛选股票功能来帮助筛选。也可以先对自己感兴趣的领域或板块进行筛选来寻找符合要求的股票。

片仔癀

科目\年度	2022	2021	2020	2019	2018
净资产收益率	23.50%	27.68%	23.07%	23.64%	24.98%
净利润同比增长率	1.66%	45.59%	21.62%	20.25%	41.62%
营业总收入同比增长率	8.38%	23.20%	13.78%	20.06%	28.33%

山西汾酒

科目\年度	2022	2021	2020	2019	2018
净资产收益率	44.74%	42.04%	35.09%	27.42%	25.08%
净利润同比增长率	52.36%	72.56%	56.39%	30.65%	58.24%
营业总收入同比增长率	31.26%	42.75%	17.63%	25.79%	47.48%

案例解读

上面仅给出了两只代表性的股票，即片仔癀和山西汾酒。投资者也可以扩展筛选的范围。也可以多筛选一些股票，直至选出自己需要的投资组合。

第一，两只股票在5年内的净资产收益率全部高于20%，山西汾酒最近两年更是超过了40%，这是真正意义上的白马股。

第二，从净利润增长率来看，片仔癀在2022年遇到了一些困难，山西汾酒更为强劲。

第三，从市盈率和市净率走势来看，山西汾酒都进入了几年内的最低位置，而片仔癀则相对要高一些。暂时综合对比来看，山西汾酒要优于片仔癀。

三、左侧交易

工具概述

左侧交易，是指在一个操作周期内，在股价下跌至波谷前买入股票，并在股价上涨至高峰前卖出的一种交易模式。其交易核心精髓在于对股市运行趋势的预测，并打好提前量，目的在于及早捕捉股市的拐点。

工具解读

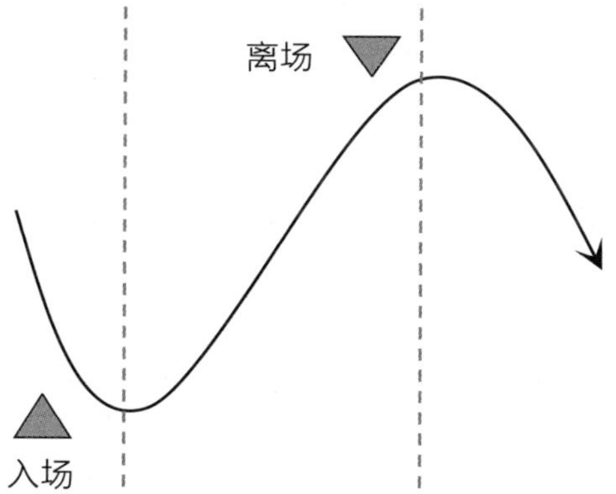

从理论上来看，在股价达到阶段低点前介入，并在股价达到高点前离场，似乎是一个相对完美的选择。但在实际交易过程中，低点的判断总是十分困难的。第一时间预判的低点常常会成为继续下跌的起点。而过早的卖出，又会错失股价上涨带来的一大波利润。

解读

左侧交易的本质其实就是价值投资理论，即通过对股价内在价值的分析，为股票进行估值，然后将当前的股价与估值进行对比。

当股价处于下行趋势时，只要股价低于其估值后，投资者自然认为此时的股票就是值得投资的标的，因而，当股价创出阶段新低时，投资者往往就会入场建仓。毕竟，从价值投资的角度考虑，股价低于内在价值的时候就是值得投资的标的，短期内无论股价上涨或下跌，这些投资者也不会离场。只有当股价上涨一定幅度后，股价已经超过其内在估值了，投资者才会择一高点将其抛售，至于未来股价是否还会创出新的高点已经不重要了。

应用技巧

左侧交易应用

- **资金配置**：左侧交易多为长线投资，而且还需要资金分批投入。因此，需注意资金与仓位配置，防控风险。
- **甄选股票**：左侧交易对股票本身质地有严格的要求。低于内在价值的超级绩优股往往会成为优先选择的目标。
- **制订交易计划**：根据股票内在价值以及价格走势，制订科学的交易计划，涵盖加仓、减仓与离场计划等。
- **选入场位置**：根据股票估值，结合股价走势情况和技术指标确定大致的低点位置，择机入场建仓。

解读

尽管从理论上很难捕捉到最低点，同时，依据价值投资理念，也无须等到最低点（只要股价大幅低于内在价值即可）。但在实际操作过程中，股价若无明确的止跌企稳信号，投资者也没有理由入场。因此，当股价开始大幅低于内在价值时，可以将其看成来到了理想的伏击范围，至于具体的入场点，则可以考虑通过各类技术指标来辅助分析。至于顶部离场位的选择，也可参照入场点位的选择。

案例分析

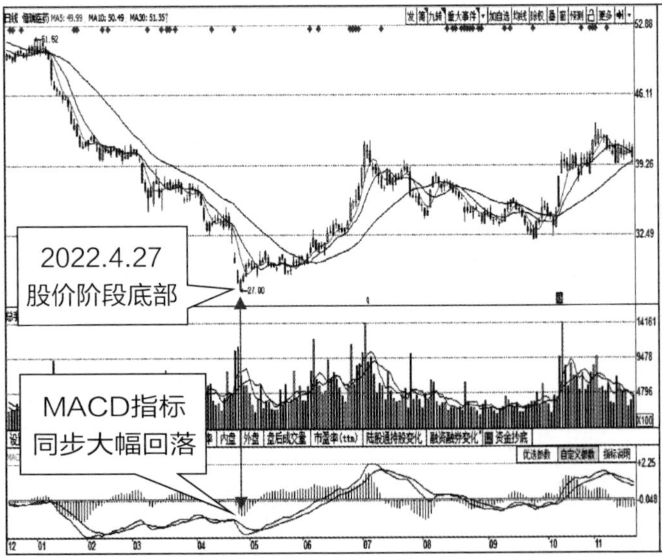

从左图中可以看出，恒瑞医药的股价在2022年上半年出现了一波大幅下跌走势。该股股价一度下跌至27元的位置。鉴于恒瑞医药的内在价值较高，此时的价格已经远远低于其内在价值了。投资者可将其看成较佳的投资标的。待股价开始企稳，MACD指标形成低位黄金交叉时，投资者可考虑第一批入场建仓。

四、右侧交易

工具概述

右侧交易系统，是目前应用最为广泛的交易体系，是指在一个操作周期内，在股价走出波谷后买入股票，并在股价顶部形成后卖出股票的一种交易模式。

工具解读

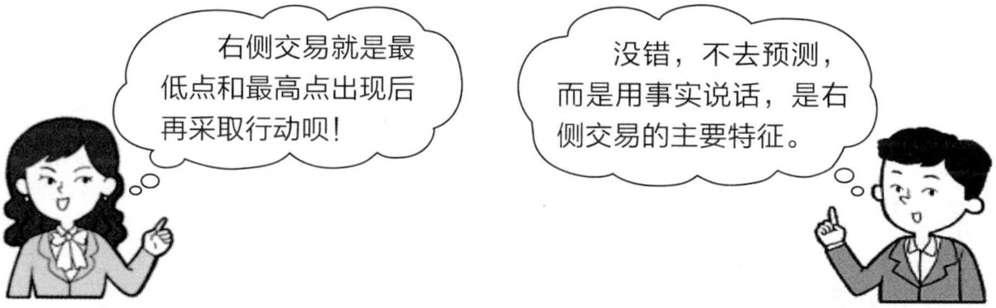

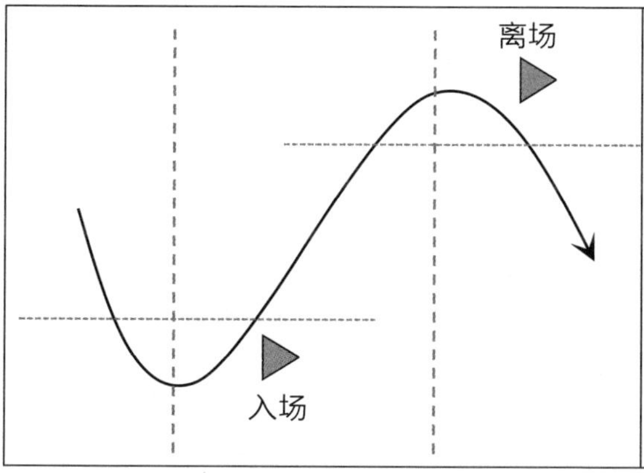

相对而言，在低点和高点形成后再做判断，要比事前判断容易得多。这也是目前股票交易市场使用最多的一种交易策略。从本质上来说，几乎所有的技术指标都是基于右侧交易策略设计的。

当然，事后判断也并不是百分百准确，也要承担一定的失败风险。

解读

右侧交易的本质其实就是市场上常用的证券技术分析理论。在市场走出底部或顶部后再采取交易行动。尽管从理论上来说，可能会错失股价上涨的第一阶段利润，还可能会让自己到手的利润被蚕食一部分后才离场。但是，按照技术分析理论，股价走势的中间阶段可能是利润最大的，同时又是风险最小的一个阶段。

也就是说，右侧交易就是要通过放弃一部分可能的利润来提升投资的安全性，降低投资风险。总体而言，右侧交易对股票质地的要求并不高。

应用技巧

右侧交易应用

- **资金配置**：右侧交易的风险也很大，而且很多交易都是中短线交易，因而资金与仓位的配置仍是核心环节。
- **制订交易计划**：针对各只拟操作股票，制订详细的交易计划，包括买入信号、加仓、减仓与离场信号等。
- **买入交易**：待目标股票发出交易信号，如突破某一阻力位或技术指标金叉等，即可执行买入操作。
- **卖出交易**：待持仓股票发出明确的卖出信号时，如跌破均线或某一支撑位、技术指标死叉等，即可执行卖出操作。

解读

目前，市场上的技术分析指标或工具基本上都是以股价和成交量为计算依据的，因此，不可避免地都会带有很大的滞后性。同时，一些主力庄家也常常利用散户喜欢使用技术指标发出的交易信号这一特点，而刻意制造出一些虚假的交易信号。凡此种种，都让右侧交易执行起来非常困难。投资者往往需要借助多种技术分析指标与工具来辅助判断股票的买点与卖点。

案例分析

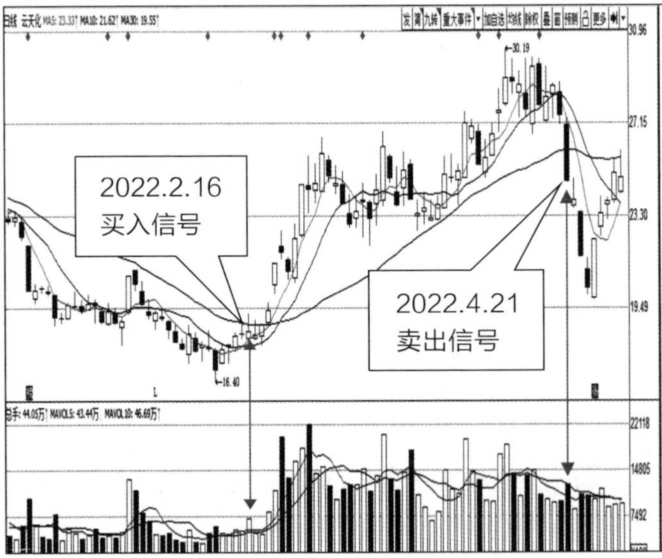

从左图中可以看出，云天化的股价在2022年2月至4月期间，发出了明确的买入信号与卖出信号。2022年2月16日，该股向上突破中期均线，是典型的买入信号。到了4月21日，股价K线又跌破了该中期均线，这就是典型的卖出信号。从图中可以看出，这两个突破点位并不是股价的最低点和最高点，却是相对的低点和高点，这就是典型的右侧交易信号。

第三节　实时交易跟踪工具

工具概述

投资者在实际交易过程中，为了能够及时掌控盘面的波动，不得不花费很多时间进行盯盘、选股操作。而目前各大股票交易软件，都提供了各类交易跟踪功能。

工具解读

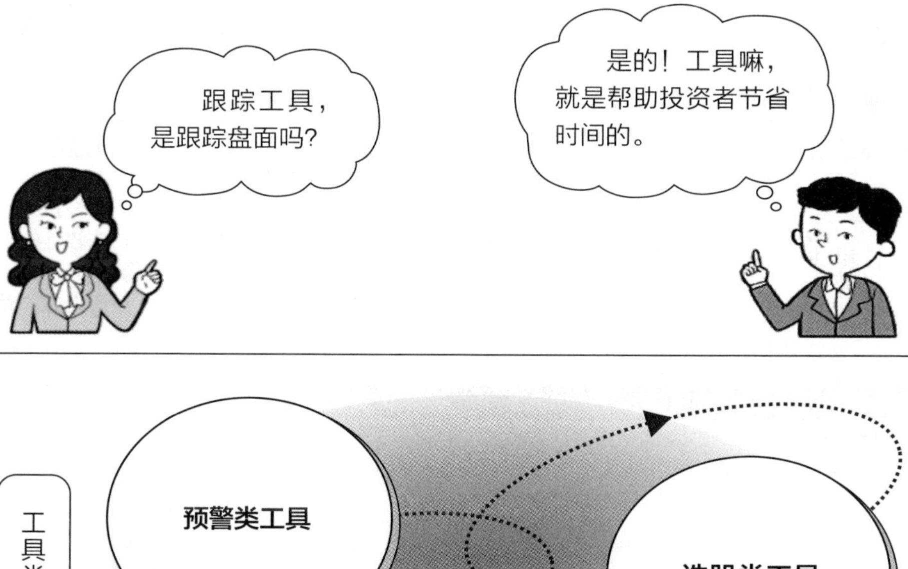

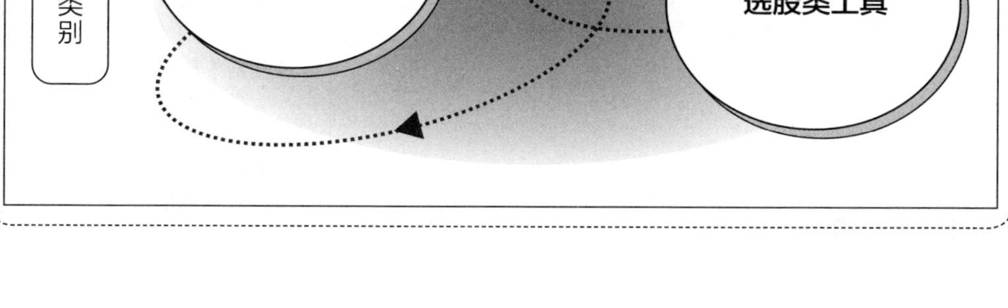

一、预警工具

工具概述

预警功能，也是很多股票交易软件所覆盖的一种功能。系统自动根据投资者设定的条件即时发出预警信号。这样，投资者在盯盘时就无须时刻紧盯盘面了，可以节省很多时间。

工具解读

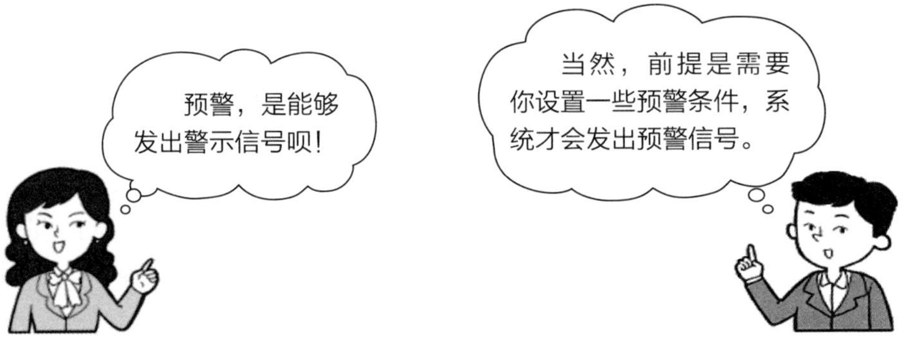

解读

预警，即为投资者发出警示信号。预警条件需要投资者事先设置。比如，投资者准备买入某只股票，并将股价向上突破某一点位看成较佳的入场位置。那么，就可以将该股股价向上突破该点位设置为预警信号。

股价形成对该点位的突破后，系统就会发出预警信号。投资者此时就可以立即采取行动了。

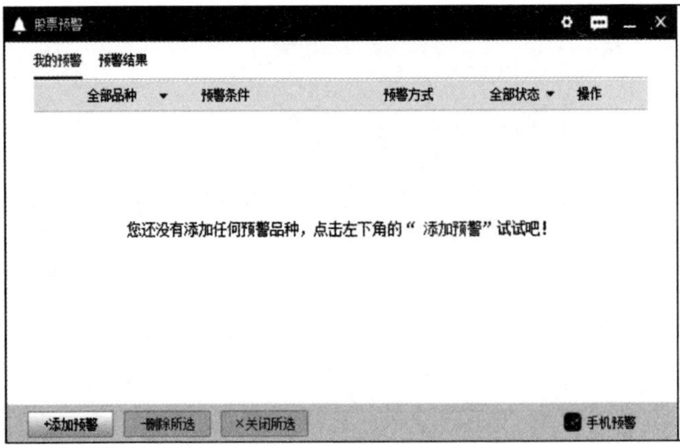

各类股票交易软件中，几乎都有股票预警功能，只是具体形式有所不同，有的可能叫“预警系统”，有的可能叫“市场雷达”等等。左图为同花顺软件中【智能】|【股票预警】对话框。

在该对话框中，投资者在选定股票后可通过“添加预警”项目进行预警条件设置操作。

实操方法

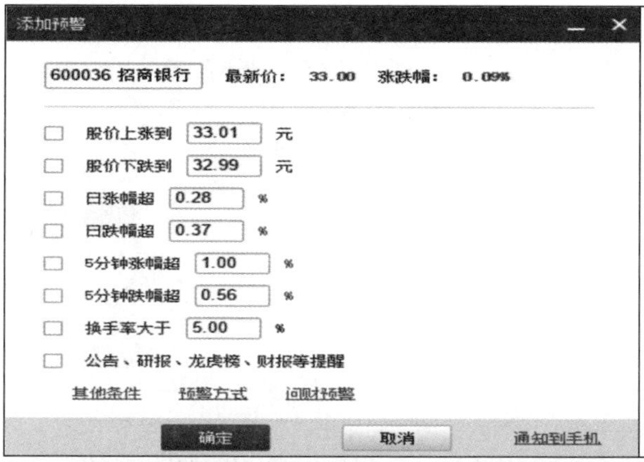

以招商银行为例。投资者在招商银行页面，选择【智能】|【股票预警】，在弹出的对话框中选择【添加预警】，系统就会弹出如左图所示的条件对话框。

投资者可选择所需的预警条件，如股价上涨至某一价位或下跌至某一价位，涨跌幅度、换手率等条件设置好后，点击【确定】按钮，即可看到所设置的预警条件了，如下图所示。

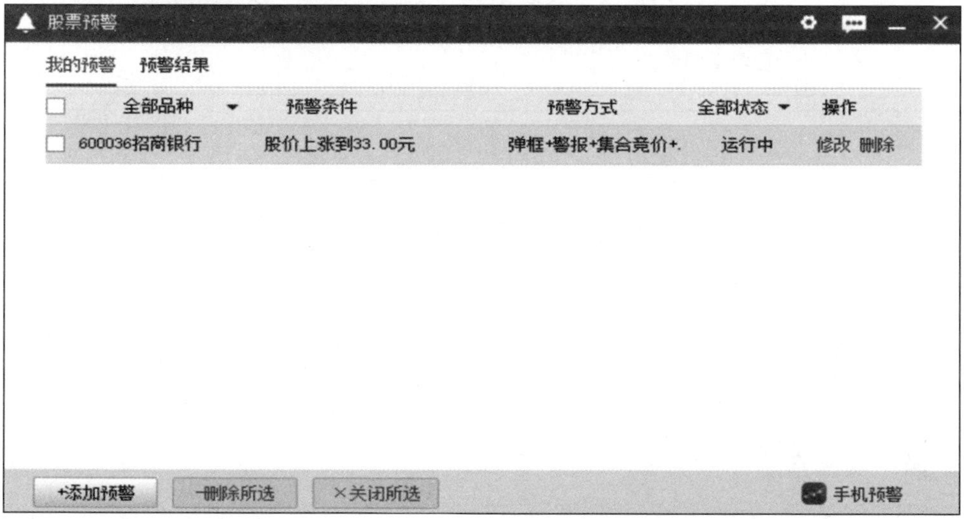

二、自制股票池工具

工具概述

投资者不能凭着盘中的感觉去选股，而是要借助前面所讲述寻找目标股的方法全面甄选、过滤市场上的股票，并建立候选股票池。构建股票池，是一件非常辛苦的差事，却是投资者盈利的保障。

工具解读

解读	
解读	对于非职业股民来说，没有人能够实时跟进，并全面跟踪整个市场的股票涨跌情况。对于大多数投资者来说，了解自己关注的那几只股票就可以了。构建股票池，就是将感兴趣领域的股票，加以挑选、分类，以便于日常实时监控。

股票池股票类型	
绩优股	将各个行业的龙头股挑选出来，构建一个股票池
短线炒作股	按照涨幅（涨停次数）分类设置股票池
题材股票	按照各类热门题材分类，设置股票池
异动股	按照涨幅（涨停次数）分类设置股票池

实操方法

投资者可依据个人喜好设置股票池的类别，并有针对性地选择个股。

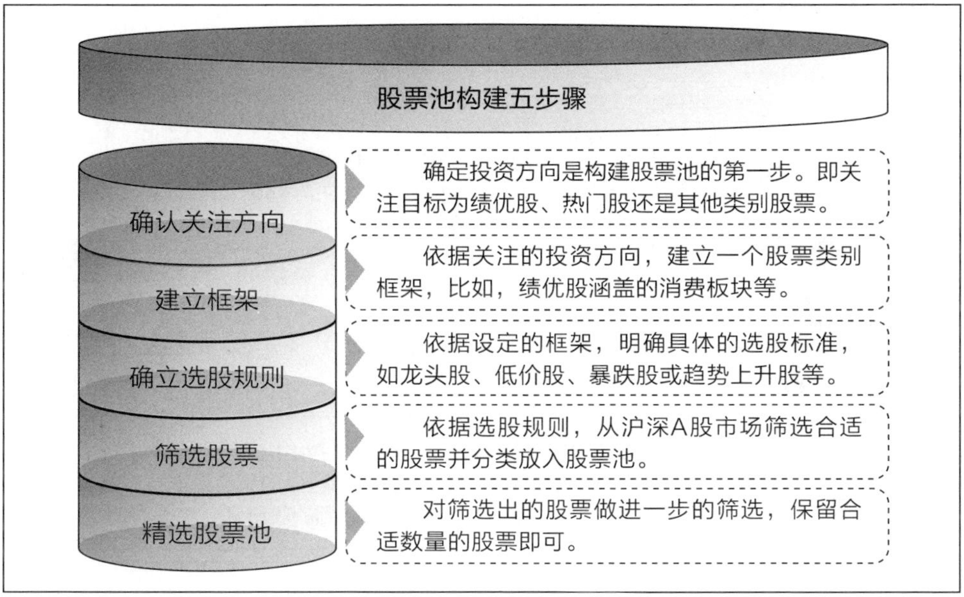

工具示例

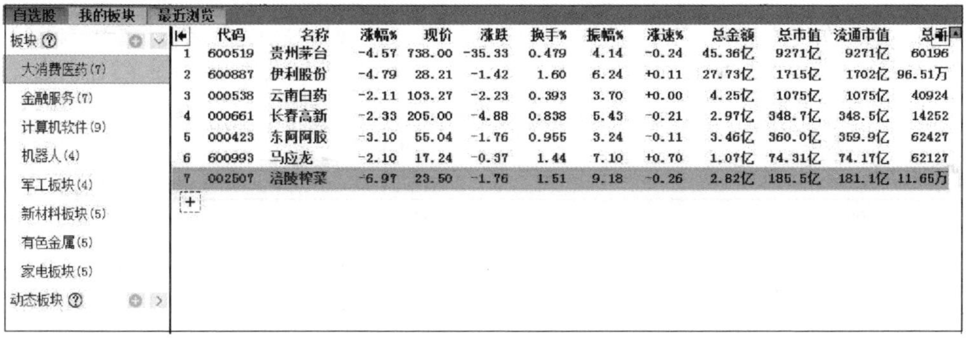
自选股 我的板块 最近浏览

板块
大消费医药(7)
金融服务(7)
计算机软件(9)
机器人(4)
军工板块(4)
新材料板块(5)
有色金属(5)
家电板块(5)
动态板块

	代码	名称	涨幅%	现价	涨跌	换手%	振幅%	涨速%	总金额	总市值	流通市值	总手
1	600519	贵州茅台	-4.57	738.00	-35.33	0.479	4.14	-0.24	45.36亿	9271亿	9271亿	60196
2	600887	伊利股份	-4.79	28.21	-1.42	1.60	6.24	+0.11	27.73亿	1715亿	1702亿	96.51万
3	000538	云南白药	-2.11	103.27	-2.23	0.393	3.70	+0.00	4.25亿	1075亿	1075亿	40924
4	000661	长春高新	-2.33	205.00	-4.88	0.838	5.43	-0.21	2.97亿	348.7亿	348.5亿	14252
5	000423	东阿阿胶	-3.10	55.04	-1.76	0.955	3.24	-0.11	3.46亿	360.0亿	359.9亿	62427
6	600993	马应龙	-2.10	17.24	-0.37	1.44	7.10	+0.70	1.07亿	74.31亿	74.17亿	62127
7	002507	涪陵榨菜	-6.97	23.50	-1.76	1.51	9.18	-0.26	2.82亿	185.5亿	181.1亿	11.65万

三、选股平台工具

工具概述

智能选股功能，也是很多股票交易软件所覆盖的一种功能。系统自动根据投资者设定的条件执行选股操作。同时，系统也给出了多种可选的选股条件，投资者既可从中选择，也可自行设置。

工具解读

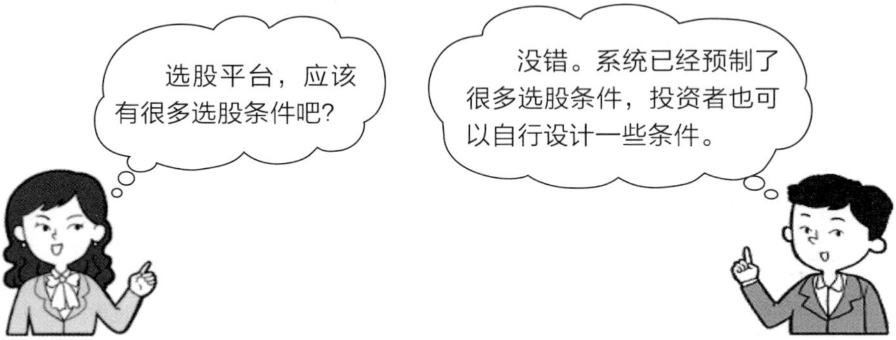

解读

选股平台的基本原理就是系统按照投资者给定的选股条件，找出市场上符合这一条件要求的股票。当然，投资者可以对锲合度进行设置，毕竟100%符合会很少。可接受的偏差越大，选到的股票就会越多。

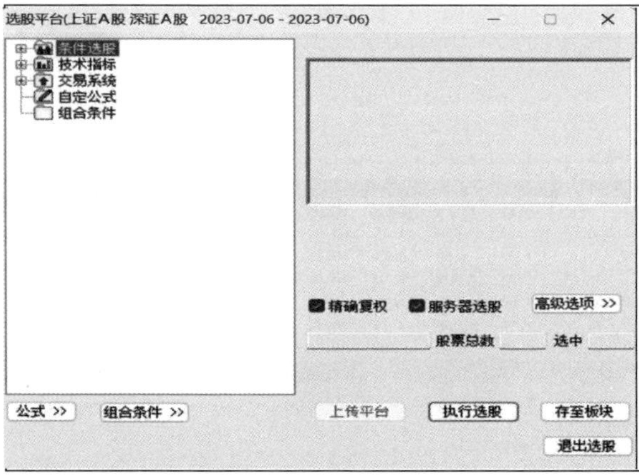

各类股票交易软件中，几乎都有智能选股功能，只是具体形式有所不同，有的可能叫“条件选股”，有的可能叫“智能选股”等。左图为同花顺软件中【智能】|【选股平台】对话框。

在该平台中，投资者可通过【条件选股】【技术指标】【交易系统】【自定公式】以及【组合条件】等项目进行选股操作。

实操方法

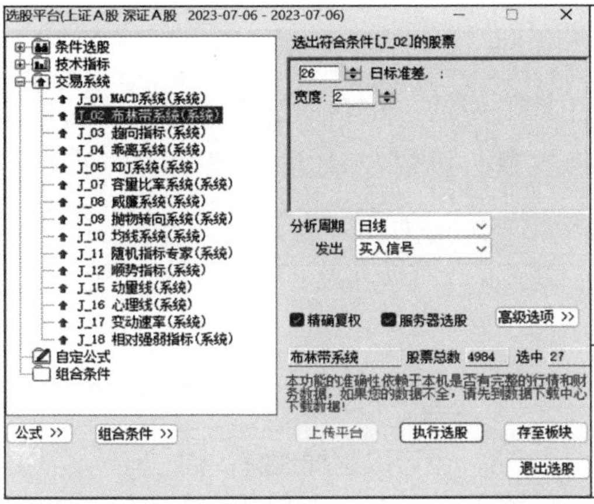

如左图所示。投资者在【选股平台】中选择【交易系统】类别下的【布林带系统】，系统会自动给出相关的对话框。投资者需要选择分析周期和发出哪类信号。

图中为【日线】级别，选择的信号为【买入信号】，点击【执行选股】按钮即可。

下图为“执行选股”后，系统返回的选股结果。投资者可以从中选择所需的股票了。

选股结果返回表

	代码	名称	涨幅%	现价	涨跌	涨速%	DDE净量	总手	换手%	量比	所属行业	现手	开盘	昨收	最高	最低	买价	卖价	市盈(动)	市净率	买量
1	600129	太极集团	+0.26	54.72	+0.14	+0.26	0.00	58	0.001	0.13	中药	58 ↑	54.72	54.58	54.72	54.72	54.72	54.97	32.42	9.26	23
2	600422	昆药集团	+0.16	18.34	+0.03	+0.16	0.00	236	0.003	0.33	中药	236 ↑	18.34	18.31	18.34	18.34	18.32	18.34	26.52	2.72	3
3	600755	厦门国贸	+0.00	7.41	+0.00	+0.00	0.00	293	0.001	0.26	物流	293 ↑	7.41	7.41	7.41	7.41	7.41	7.42	5.57	0.753	99
4	603258	电魂网络	+0.03	37.03	+0.01	+0.03	0.00	141	0.006	0.39	传媒	141 ↑	37.03	37.02	37.03	37.03	37.02	37.03	47.87	3.72	13
5	603345	安井食品	+0.03	144.50	+0.04	+0.03	0.00	71	0.002	0.30	食品加工...	71 ↑	144.50	144.46	144.50	144.50	144.50	144.99	29.30	3.51	63
6	688037	芯源微	-0.65	161.24	-1.06	-0.65	0.00	4[illegible]	0.003	0.32	半导体及...	40 ↓	161.24	162.30	161.24	161.24	161.24	161.63	83.98	10.18	5
7	688225	亚信安全	+0.98	20.58	+0.20	+0.98	0.00	6	0.001	0.16	计算机应用	6 ↑	20.58	20.38	20.58	20.58	20.22	20.58	亏损	3.21	2
8	688561	奇安信-U	+0.16	50.37	+0.08	+0.16	0.00	135	0.003	0.55	计算机应用	135 ↑	50.37	50.29	50.37	50.37	50.37	50.49	亏损	3.59	4
9	688579	山大地纬	-0.63	14.10	-0.09	-0.63	0.00	614	0.022	0.81	计算机应用	614 ↓	14.10	14.19	14.10	14.10	14.10	14.18	99.65	4.30	33
10	688779	长远锂科	+0.19	10.71	+0.02	+0.19	0.00	73	0.001	0.16	电力设备	73 ↑	10.71	10.69	10.71	10.71	10.70	10.71	5558	2.65	50
11	002174	游族网络	+0.13	15.10	+0.02	+0.13	0.01	1514	0.017	0.69	传媒	1514 ↑	15.10	15.08	15.10	15.10	15.09	15.10	80.69	3.14	226
12	002517	恺英网络	-1.48	13.96	-0.21	-1.48	-0.00	1826	0.010	0.69	传媒	1826 ↓	13.96	14.17	13.96	13.96	13.96	14.00	25.92	6.28	15
13	002624	完美世界	+0.00	15.68	+0.00	+0.00	0.00	1642	0.009	0.62	传媒	1642 ↓	15.68	15.68	15.68	15.68	15.68	15.69	31.52	3.25	13
14	002903	宇环数控	-0.51	23.55	-0.12	-0.51	0.00	75	0.008	0.27	通用设备	75 ↓	23.55	23.67	23.55	23.55	23.55	23.68	45.62	4.57	14
15	003040	楚天龙	-0.06	17.85	-0.01	-0.06	0.00	146	0.007	0.79	通信设备	146 ↓	17.85	17.86	17.85	17.85	17.83	17.85	47.60	5.27	1
16	300002	神州泰岳	+0.00	11.89	+0.00	+0.00	0.00	2794	0.015	0.46	传媒	2794 ↑	11.89	11.89	11.89	11.89	11.88	11.89	32.73	4.63	1332
17	300043	星辉娱乐	+0.29	3.43	+0.01	+0.29	0.01	2701	0.029	1.21	传媒	2701 ↑	3.43	3.42	3.43	3.43	3.42	3.43	亏损	2.35	765
18	300229	拓尔思	-0.12	24.87	-0.03	-0.12	0.01	3620	0.046	1.46	计算机应用	3620 ↓	24.87	24.90	24.87	24.87	24.86	24.87	163.8	5.86	10
19	300452	山河药辅	+0.25	16.29	+0.04	+0.25	0.00	52	0.003	0.22	化学制药	52 ↑	16.29	16.25	16.29	16.29	16.28	16.29	19.33	4.95	1
20	300487	蓝晓科技	-0.03	60.00	-0.02	-0.03	0.00	121	0.004	1.10	化工合成...	121 ↓	60.00	60.02	60.00	60.00	60.00	60.02	56.32	10.50	1
21	300533	冰川网络	-0.36	41.67	-0.15	-0.36	-0.02	636	0.039	1.05	传媒	636 ↓	41.67	41.82	41.67	41.67	41.66	41.78	12.59	4.77	116
22	300633	开立医疗	+0.23	51.75	+0.12	+0.23	0.00	44	0.001	0.25	医疗器械	44 ↑	51.75	51.63	51.75	51.75	51.65	51.75	40.24	7.56	1
23	300684	中石科技	+0.10	20.65	+0.02	+0.10	0.01	1054	0.058	1.90	电子化学品	1054 ↑	20.65	20.63	20.65	20.65	20.64	20.65	68.69	3.36	89
24	300839	博汇股份	-0.08	11.90	-0.01	-0.08	0.00	47	0.002	0.22	石油加工...	47 ↓	11.90	11.91	11.90	11.90	11.88	11.90	13.55	2.85	2
25	300973	立高食品	+0.09	65.60	+0.06	+0.09	0.00	21	0.003	0.46	食品加工...	21 ↑	65.60	65.54	65.60	65.60	65.54	65.60	55.69	5.07	10
26	301152	天力锂能	+0.00	42.92	+0.00	+0.00	0.00	1	0	0.03	电力设备	1 ↑	42.92	42.92	42.92	42.92	42.92	43.32	2620	2.09	8
27	301220	亚香股份	+0.46	32.92	+0.15	+0.46	0.00	42	0.010	1.28	化学制品	42 ↑	32.92	32.77	32.92	32.92	32.92	32.96	32.30	1.70	5

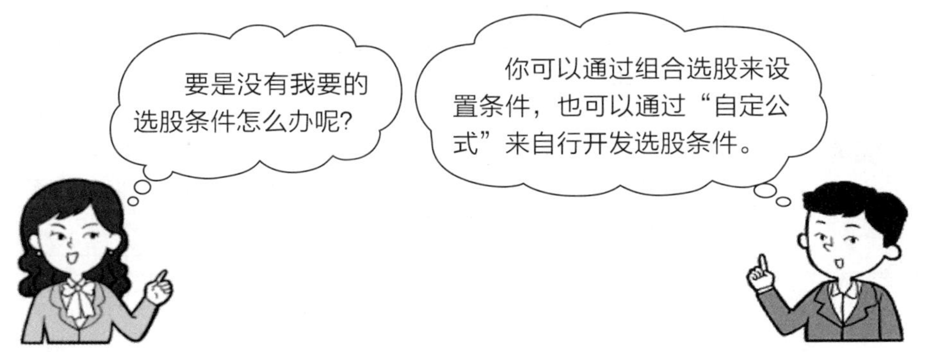

四、形态选股工具

工具概述

形态选股，是很多股票交易软件都附带的一种功能性工具。从实际效果来看，这也是一种非常好用的选股工具。投资者可以让股票交易软件自动筛选满足 K 线形态需求的股票。这将极大地方便投资者的选股操作。

工具解读

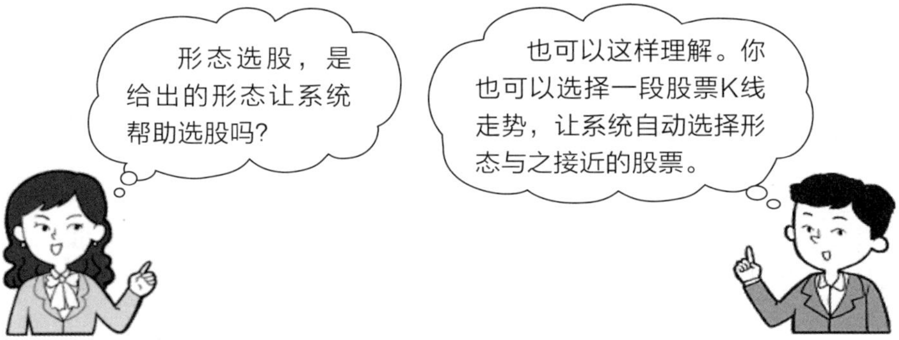

解读	形态选股的基本原理就是系统按照给定的标准形态，找出市场上符合这一形态要求的股票，当然，投资者可以对锲合度进行设置，毕竟100%符合会很少。可接受的偏差越大，选到的股票就会越多。

两类模式

- 在系统中，自行选择一个基准形态，而后利用系统自动筛选功能，选择符合要求的股票。
- 投资者可以自行在系统中绘制一种股价走势形态。然后利用系统自动筛选功能，选择符合要求的股票。

实操方法

第一种方案

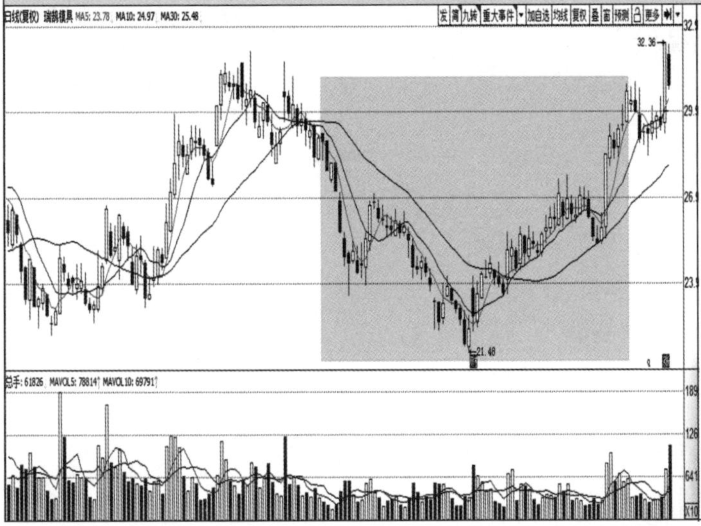

这里以同花顺软件为例。投资者在K线图中按住鼠标右键选择一段K线走势。系统会自动弹出一个快捷菜单，选择其中的【形态选股】。系统则会自动完成一系列选股操作，并筛选出符合要求的股票及时间段。

系统会根据投资者的指令自动筛选股票，如左图所示。此时，与该形态相一致的股票就全部出现在快捷对话框中了。

如右图所示，投资者也可点击“设置”按钮对整个形态方案进行调整，如匹配度、条件名称等。之后点击保存或重新选股即可。保存之后的选股方案可从软件【智能】|【形态选股】中重新调出。

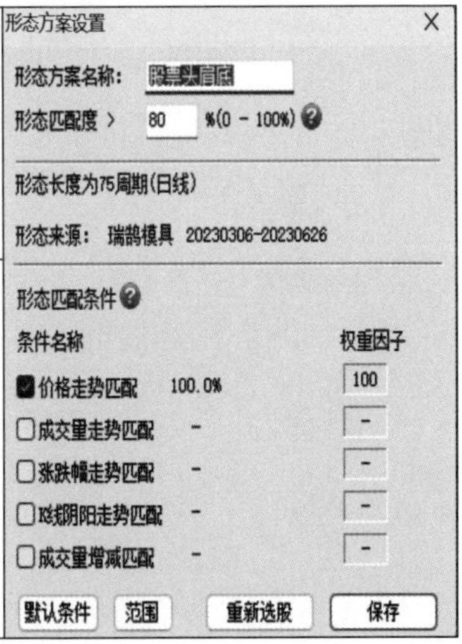

第二种方案

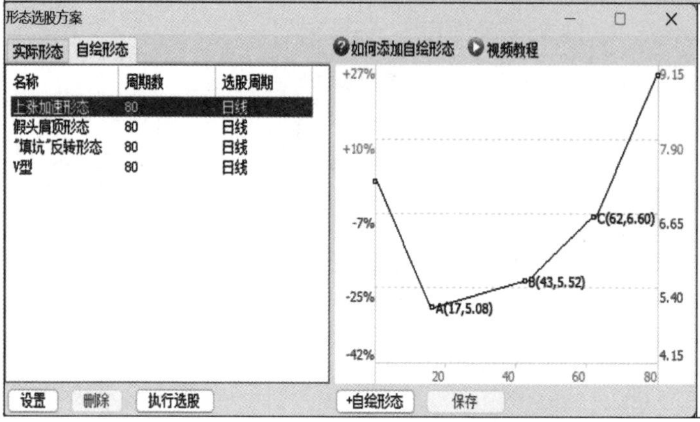

投资者点击软件菜单栏【智能】|【形态选股】。在弹出的对话框中选择【自绘形态】选项，如左图所示。

用鼠标拖动【自绘形态】中的线段，直至绘出理想的形态，然后点击【执行选股】按钮，系统就会给出符合形态要求的股票。

第七章
风险防控工具

第一节　止损工具

工具概述

止损是以尽量小的损失去赌大的盈利，设置和执行止损是具有原则性、技巧性和主观能动性的。不同的环境、不同的个股，止损的方法也不一样。

工具解读

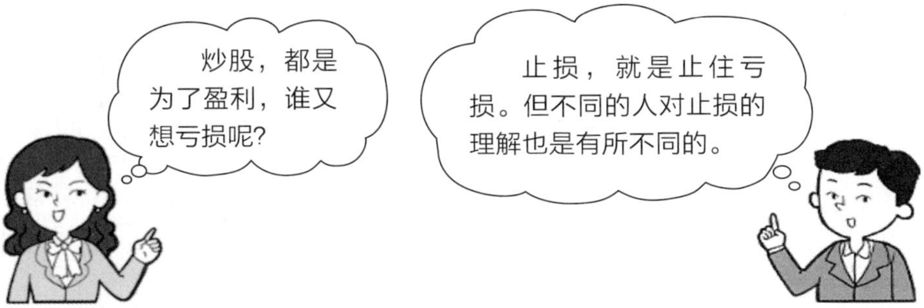

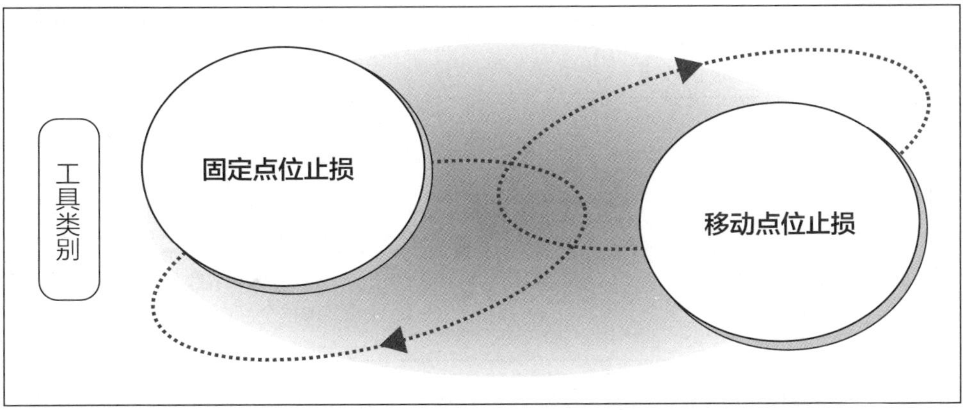

一、均线止损

工具概述

均线止损法，是指将某条移动平均线当作止损位，一旦股价跌破该均线，就坚决卖出。均线止损法，属于移动点位止损法中的一种。

工具解读

解读	止损均线的选择，一般由两大因素决定。其一，入场时参照的买入基准线。若你设置的买入信号包括了股价向上突破20日均线或其他均线，那么，你的止损位就应该以此为基准设置为20日均线或其他均线。其二，投资者的交易策略，属于短线策略还是中线策略。一般来说，若为短线交易，则以10日均线止损为宜，而中线或波段交易则以20日或30日均线为宜。

破位有效性问题

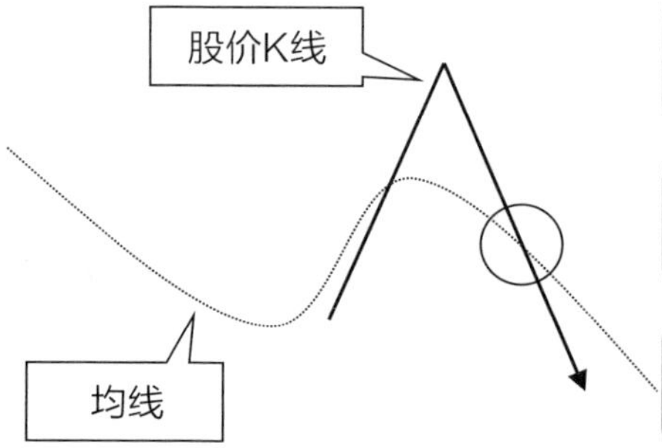

第一，收盘价跌破均线。

第二，股价K线连续三个交易日运行于均线下方。

第三，股价K线跌破均线，且距离均线3个点以上。

上述三种均线止损位的设置方法都有人在使用。在实战过程中，股价经常会出现假突破的问题。若投资者担心这种情况出现影响判断，可以尽量将止损位按照第二种或第三种方法来设置。

案例分析

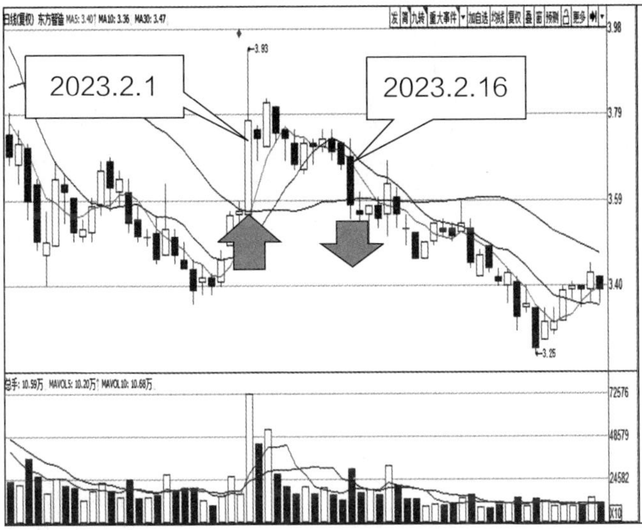

如左图所示，东方智造的股价在2023年2月1日，向上放量突破30日均线，给人一种股价即将上攻的感觉。很多投资者也因此而买入该股。此时，投资者就可将30日均线作为止损位。一旦股价有效跌破该位置立即止损。

2月16日，该股股价放量下跌，并跌破30日均线。此后三个交易日，该股股价都没有回到均线上方，这可以认定此时的跌破为有效跌破，可执行止损操作。

解读

止损位设置过程中，一直存在一个有效跌破认定的问题。通常来说，有两种认定方法：其一，股价跌破均线后，连续三个交易日没有返回均线上方；其二，股价跌破均线，且与均线存在3个点的距离。

技术指标止损

即低价买入优质股票的策略。这是巴菲特、芒格等股市大咖最喜欢使用的一种策略。

具体选股标准：

第一，连续5到7年净资产收益率保持在15%以上。

第二，上市时间在5年以上。

第三，选择市净率、市盈率在50%分位点以内的股票。

第四，剔除周期股和基本面开始转坏的股票。

二、点位止损

工具概述

点位止损，是投资者根据个人能够承受的亏损幅度而预先设置的离场点位。即股价一旦跌破该位置，立即清仓离场。

工具解读

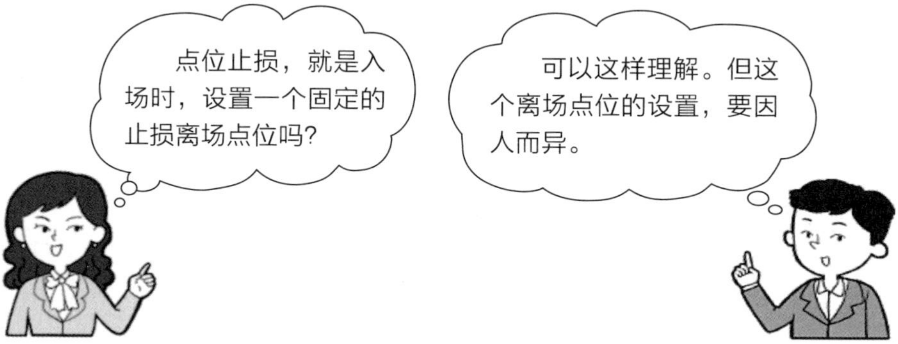

点位止损

- 固定点位止损：根据个人风险承受能力，进场前预先设置一定的止损比率，即股价跌破入场价8%或10%等。
- 移动点位止损：以股价高点向下一定比例为止损位。比如，距离买入后高点向下10%等。
- 浮动点位止损：根据股票波动特性设置止损位。一些波动幅度较大的股票，止损线也要靠下设置，反之亦然。

案例分析

第一种方案：固定点位止损

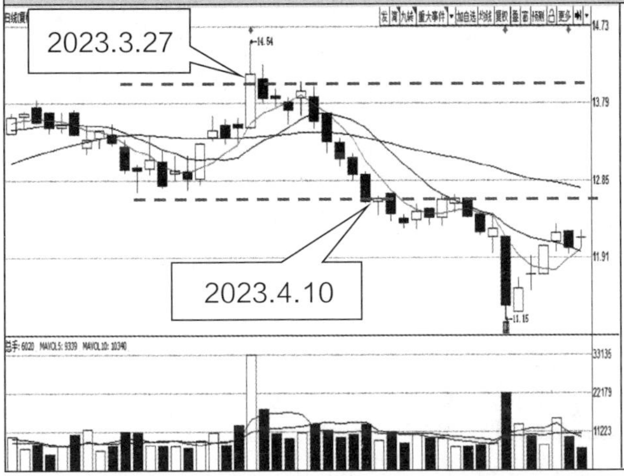

如左图所示，凯众股份2023年3月27日出现明显的向上放量突破形态。投资者当日以14元（复权后）的价格买入股票，若按照向下10%的固定比例设置止损位，则其止损点在12.60元。

2023年4月10日，该股股价跌破了12.60元，报收于12.58元。投资者当日即可执行止损卖出操作。

第二种方案：移动点位止损

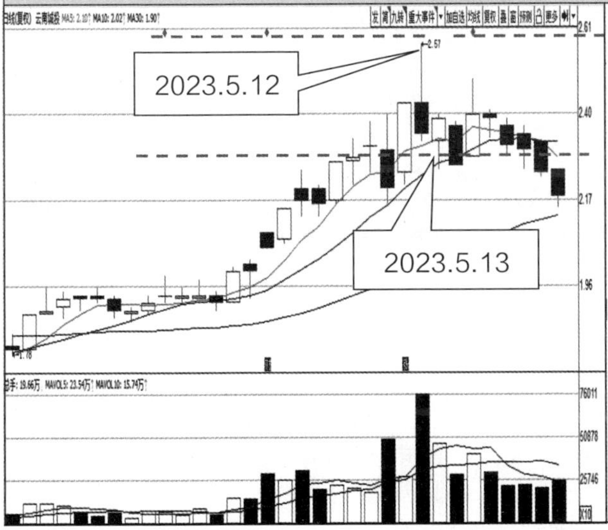

如左图所示，云南城投的股价自2023年4月下旬开始持续上攻。此时，投资者若还将止损位设置到买入价向下8%或10%，就可能造成到手的利润白白流失。因此，可以采取移动止损法，即股价创下最高点后，向下10%。

2023年5月12日，云南城投创出阶段高点后大幅回落。5月13日，股价相对5月12日高点已经回撤10%以上，可以止损卖出。

第三种方案：浮动点位止损

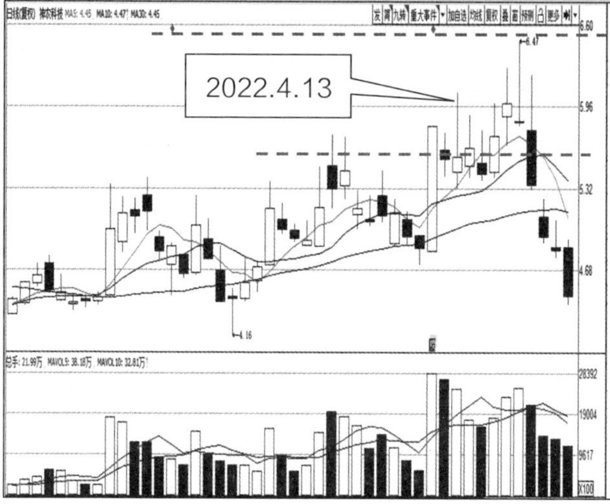

不同股票的股性不同，波动幅度也有所不同。因此，若为其设置止损点位时，向下设置的幅度和点位也要有所不同。

上图中云南城投的波动幅度较小，设置止损位时，按照8%即可。而左图所示的神农科技在2022年4月中旬前后，波动幅度明显加大，4月13日的波动幅度超过了13%。此时，设置止损位就应该超过15%。

三、画线止损

工具概述

画线止损，是股价跌破投资者按照一定规则绘制的支撑位后执行止损的方法。通常情况下，投资者利用画线技术所绘制的多为一些重要的支撑线、趋势线。

工具解读

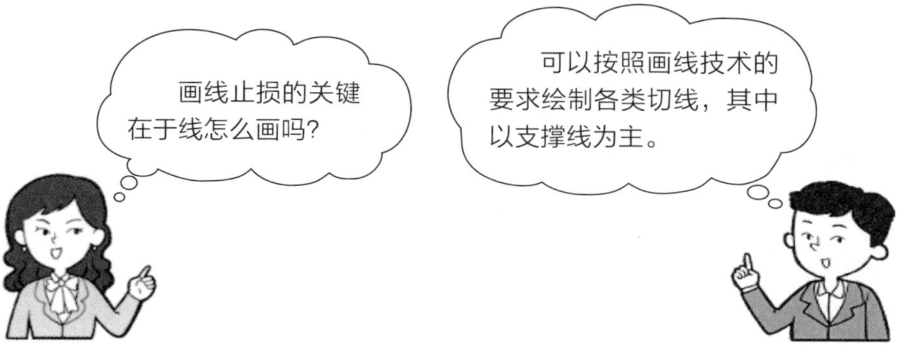

解读

通常情况下，借助画线工具所绘制的止损位多为股价上升趋势中回调的支撑位。这些点位一般可通过绘制上升趋势线、前期低点的水平线或者黄金分割线获得。总之，投资者需要对股票画线技术有所了解和掌握。

画线止损

- **水平止损**：前期低点或高点的水平线，可作为当前股价下行的重要支撑位。一旦跌破，即可止损。
- **趋势线止损**：股价处于振荡上升趋势中。股价一旦跌破趋势线，则意味着股价运行趋势存在走坏的可能，即可止损。
- **黄金分割线止损**：黄金分割线为股价绘制了大致的回调支撑位。一旦股价跌破重要的分割位，即可执行止损操作。

案例分析

第一种方案：趋势线止损

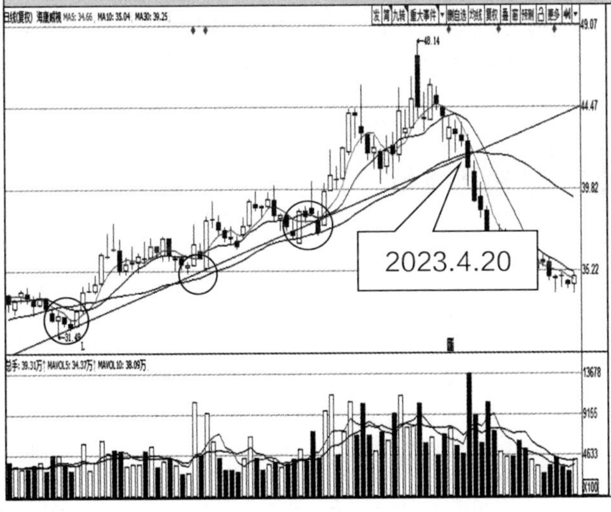

如左图所示，海康威视的股价在2023年4月以前呈现出了明显的振荡上扬态势。股价回调的低点大致在一条直线上，投资者可据此绘制一根上升趋势线。

投资者在股价运行在该趋势线之上时入场，并可将该趋势线当成该股的止损位。

2023年4月20日，该股股价跌破趋势线，即可止损。

第二种方案：水平线止损

如左图所示，友讯达的股价在2022年7月到8月走出了一个近似双顶的形态。投资者在股价运行至第二个高点前可入场，并以两个高点之间的回调低点为基准点绘制一条水平线。将该线作为该股的止损位。

2022年8月31日，该股股价跌破水平线，即可止损。

第三种方案：黄金分割线止损

如左图所示，久祺股份的股价在2023年年初呈现出了明显的振荡上扬态势。投资者可以股价短期低点与高点为基准绘制一组黄金分割线。

投资者在高点之后买入股票，就可将一些重要的黄金分割位设置为止损位。一旦股价跌破该位置就可止损。

2023年3月8日，该股股价跌破0.618点位，可执行止损。

第二节　交易仓位控制工具

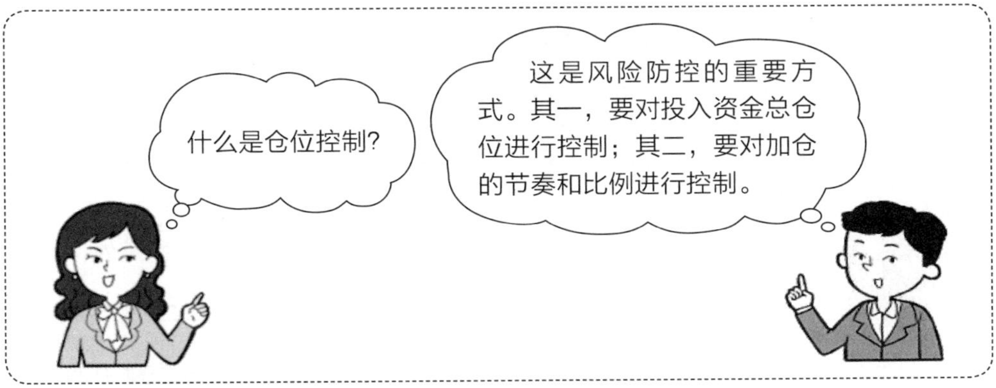

一、三三制仓位控制

工具概述

三三制，是股票投资领域经常使用的仓位控制方法。当然，在具体应用方面，可能会有所区别。但是，将资金或仓位分成三等分，是该策略的核心思想。三三制，本质上就是一种分散风险，控制风险的资金管理策略。

工具解读

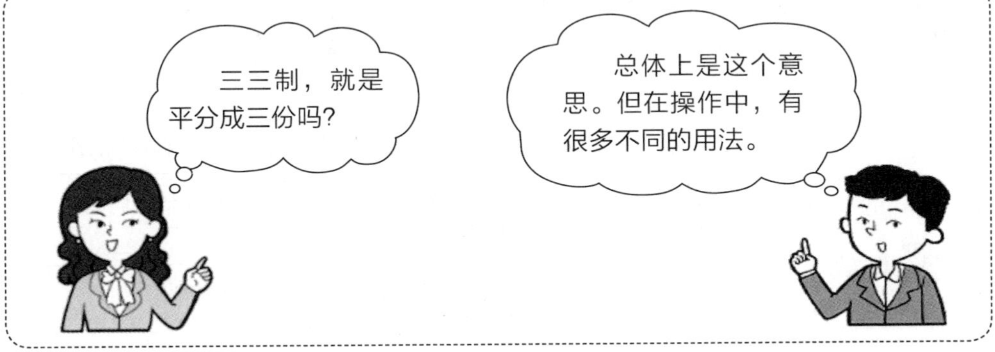

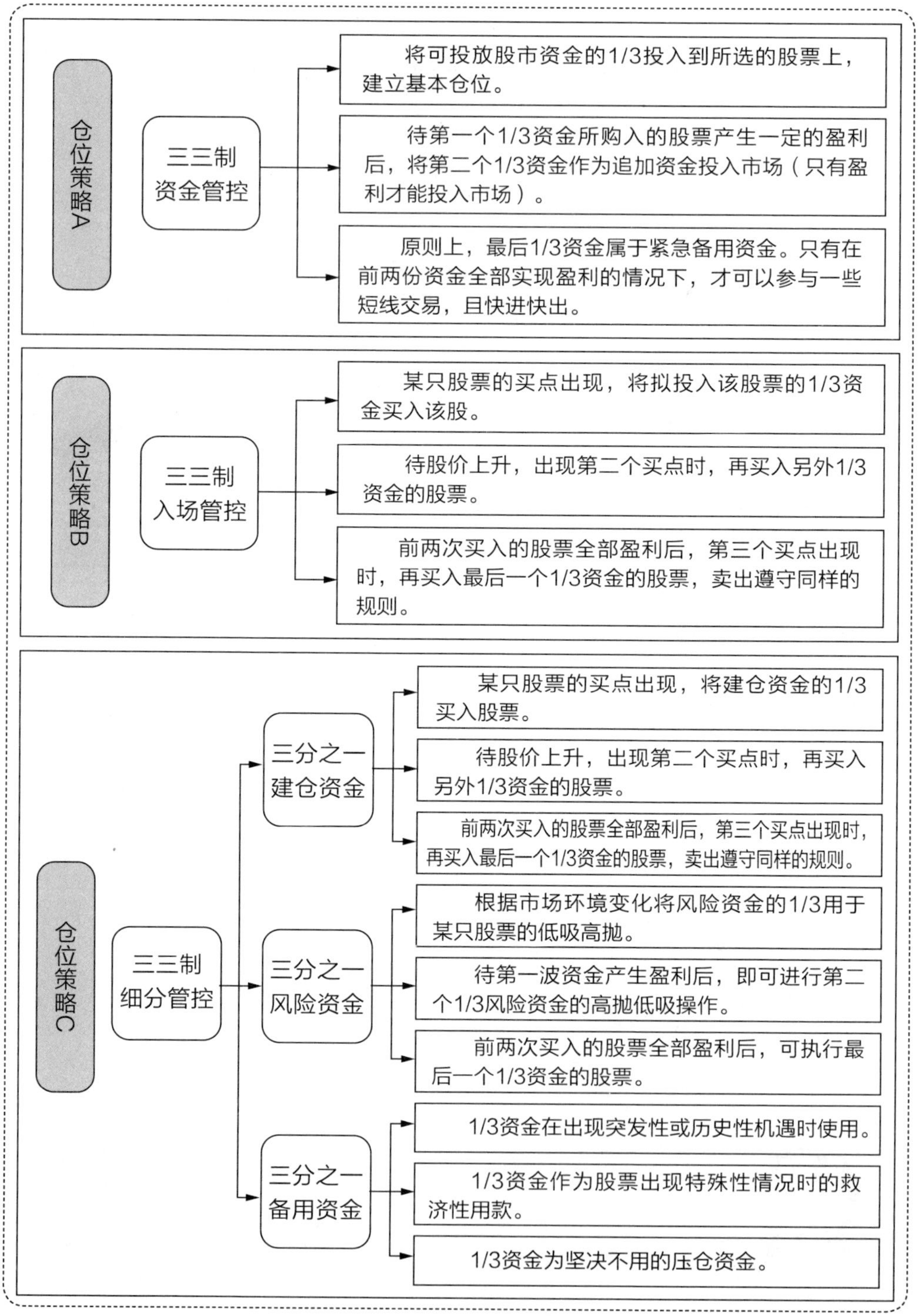
仓位策略A
三三制
资金管控
将可投放股市资金的1/3投入到所选的股票上，建立基本仓位。
待第一个1/3资金所购入的股票产生一定的盈利后，将第二个1/3资金作为追加资金投入市场（只有盈利才能投入市场）。
原则上，最后1/3资金属于紧急备用资金。只有在前两份资金全部实现盈利的情况下，才可以参与一些短线交易，且快进快出。
仓位策略B
三三制
入场管控
某只股票的买点出现，将拟投入该股票的1/3资金买入该股。
待股价上升，出现第二个买点时，再买入另外1/3资金的股票。
前两次买入的股票全部盈利后，第三个买点出现时，再买入最后一个1/3资金的股票，卖出遵守同样的规则。
仓位策略C
三三制
细分管控
三分之一
建仓资金
某只股票的买点出现，将建仓资金的1/3买入股票。
待股价上升，出现第二个买点时，再买入另外1/3资金的股票。
前两次买入的股票全部盈利后，第三个买点出现时，再买入最后一个1/3资金的股票，卖出遵守同样的规则。
三分之一
风险资金
根据市场环境变化将风险资金的1/3用于某只股票的低吸高抛。
待第一波资金产生盈利后，即可进行第二个1/3风险资金的高抛低吸操作。
前两次买入的股票全部盈利后，可执行最后一个1/3资金的股票。
三分之一
备用资金
1/3资金在出现突发性或历史性机遇时使用。
1/3资金作为股票出现特殊性情况时的救济性用款。
1/3资金为坚决不用的压仓资金。

三三制仓位管理该如何用

其实，关于三三制仓位管理方法，并没有标准答案或者权威的声音。

在实际操作中，很多投资者都有不同的选择。从实际使用效果来看，三三制仓位管理，是可以起到分散风险的作用的。投资者也需要在实战中，总结一套适合自己的资金管控方法。

二、金字塔式交易法

工具概述

金字塔式交易法，实质上是分批买入法的一种变形和优化。该方法通过动态调整买入与卖出股票量来管控风险，提升盈利水平。

金字塔式交易法分为正金字塔式交易和倒金字塔式交易两类。

工具解读

金字塔式交易法，是买入股票的一种交易策略。其核心要点为：第一批最大比例买入股票（如40%）；此后，股价上升到一个高点后，追加买入一定量的股票，但要少于第一批买入量（如30%）；接着股价再度上升，可以进行第三次买入，买入量再度降低（如20%），以此类推。

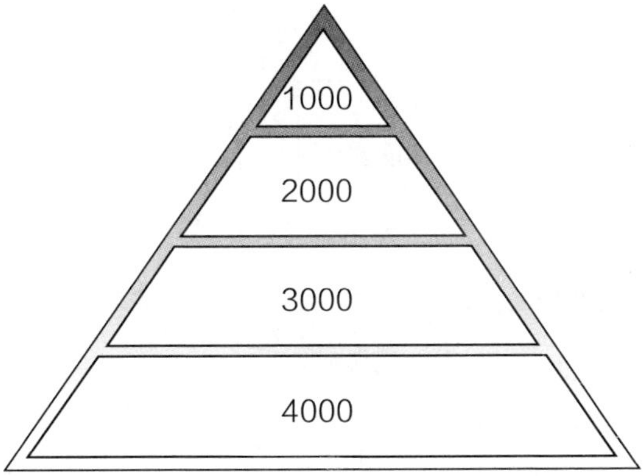

解读

金字塔式交易法，主要适用于买入环节。即投资者通过持续降低的加仓额，确保每次买入都能有盈利。同时，新买入股票后，即使股价下跌，也不会将账面的利润蚕食掉。仓位分配方法包括：1：2：3：4或2：3：5等。可根据个人偏好进行比例设置。

倒金字塔式交易法，是卖出股票的一种交易策略。其核心要点为：第一批较小比例卖出手中的股票（如10%）；此后，股价上升到一个高点后，再卖出一定量的股票，但要多于第一批卖出量（如20%）；接着股价再度上升，可以进行第三次卖出，卖出量再度升高，直至出清仓位。

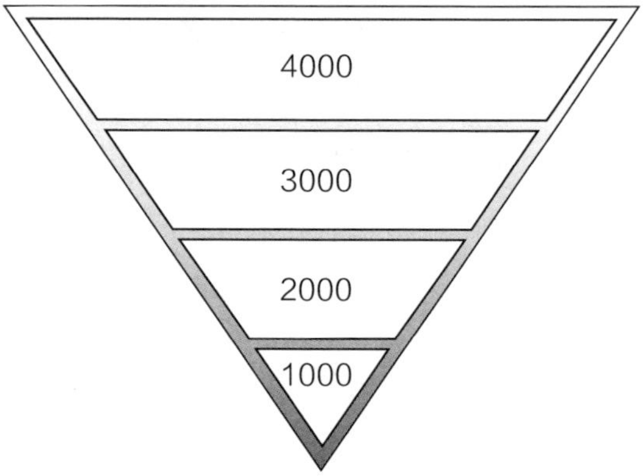

解读

股价倒金字塔式交易法，即逐批次加大卖出股票的一种交易策略。当股价上升至高位，手中股票已经产生了一定的盈利，为了锁定到手利润，并尽可能捕捉后面的利润，采取分配卖出的方式来兑现利润。仓位分配方法包括：4：3：2：1或5：3：2等。可根据个人偏好进行比例设置。

案例分析

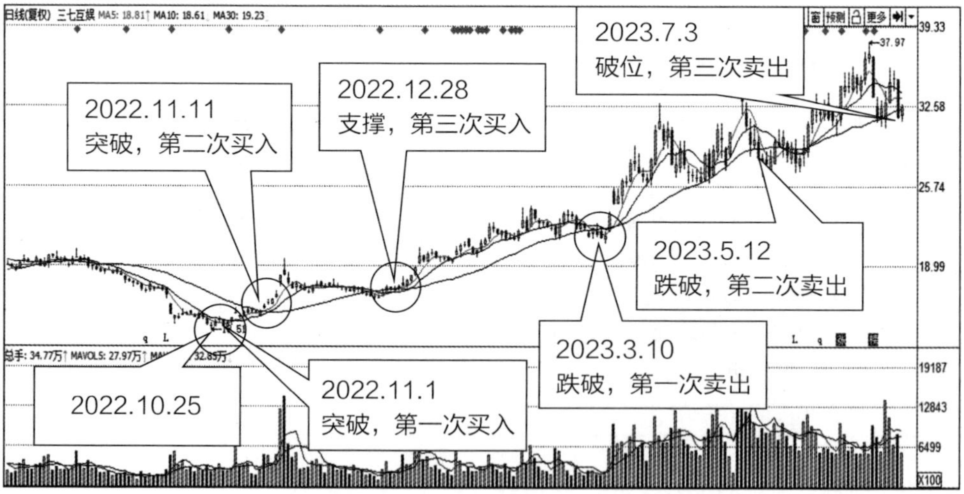

买入操作

三七互娱的股价在2022年10月25日触及阶段底部后开始反弹。

第一次入场：2022年11月1日，该股股价放量向上突破5日均线和10日均线。投资者可执行第一次买入，按14元价格买入4000股，合计56000元（不计费用，下同）。

第二次入场：2022年11月11日，该股股价向上突破30日均线，加仓买入2000股，每股15.30元，合计30600元。

第三次入场：2022年12月28日，该股股价回调遇30日均线支撑后重新上攻。买入1000股，每股17元，合计17000元。

三次总共买入7000股，合计花费103600元，每股成本为14.8元。

卖出操作

三七互娱的股价在进入2023年3月后明显加大了振荡幅度。投资者从投资安全角度出发，可考虑进行减仓操作。

第一次减仓：2023年3月10日，股价跌破30日均线，减仓1000股，价格21.5元，合计21500元。

第二次减仓：2023年5月12日，股价跌破30日均线，减仓2000股，价格28.5元，合计57000元。

第三次减仓：2023年7月3日，股价跌破30日均线，减仓4000股，价格32.5元，合计130000元。

三次卖出了7000股，合计获得资金208500元。实现了资金翻倍。